www.ingramcontent.com/pod-product-compliance
Lightning Source LLC
LaVergne TN
LVHW010321070526
838199LV00065B/5627
9789358723823

آوارہ لکیریں

(غزلیات)

جوہر صدیقی

© Johar Siddiqui

Aavaara Lakeerein *(Ghazals)*

by: Johar Siddiqui

Edition: October '2024

Publisher :

Taemeer Publications LLC (Michigan, USA / Hyderabad, India)

ISBN 978-93-5872-382-3

9 789358 723823

مصنف یا ناشر کی پیشگی اجازت کے بغیر اس کتاب کا کوئی بھی حصہ کسی بھی شکل میں بشمول ویب سائٹ پر اَپ لوڈنگ کے لیے استعمال نہ کیا جائے۔ نیز اس کتاب پر کسی بھی قسم کے تنازع کو نمٹانے کا اختیار صرف حیدرآباد (تلنگانہ) کی عدلیہ کو ہو گا۔

© جوہر صدیقی

کتاب	:	**آوارہ لکیریں** (غزلیات)
مصنف	:	**جوہر صدیقی**
صنف	:	شاعری
ناشر	:	تعمیر پبلی کیشنز (حیدرآباد، انڈیا)
سالِ اشاعت	:	۲۰۲۴ء
صفحات	:	۲۱۰
سرورق ڈیزائن	:	تعمیر ویب ڈیزائن

چند آوارہ لکیریں ہی بناتے جاؤ
رائگاں حسرتِ کہسار نہ ہونے پائے

جوہر صدّیقی

ڈاکٹر ملک زادہ منظور احمد

جناب جوہر صدیقی بھی ہمارے انھیں شعرا میں ہیں جو مشاعروں میں شرکت کے باوجود مشاعروں کی عوامی داد و تحسین کو اپنے کلام کا معیار و میزان نہیں بناتے.... میں نے جب بھی ان کا کلام پڑھا یا سُنا ہے، مجھے ایسا محسوس ہوا ہے کہ وہ صرف الفاظ کی بازی گری سے اپنا جادو نہیں جگاتے بلکہ بصائر و تاملات کا ایک مستقل فکری رُجحان بھی رکھتے ہیں اور اپنے اشعار میں اس عالی ظرفی اور وسیع النظری کا مظاہرہ کرتے ہیں جو ہر دَور میں اچھے فنکاروں کا شیوہ رہا ہے.... عموماً روایتی غزلیں ان فرسُودہ کُلیوں کی گرفت سے آزاد نہیں ہو پاتیں جو فارسی کے توسط سے اردو کو اور ماضی کے توسط سے دورِ حاضر کو عطا ہوئی ہیں۔ اسکا نتیجہ یہ ہوتا ہے کہ ہم کو اس طرح کی غزلوں میں قدمائے افکار و خیالات کی بازگشت محسوس ہوتی ہے اور شاعر کے اپنے ذاتی تجرباتِ کا کوئی عمل دخل ان میں نہیں ہو پاتا۔ اور مجموعی طور پر ایسا لگتا ہے جیسے ماضی کی مُردہ لاش کو نئے ملبُوسات اور زیورات سے آراستہ کردیا گیا ہو۔ جوہر صاحب کے کلام میں اس " جی کو متلانے " والی کیفیت کا احساس نہیں ہوتا.... جوہر صاحب کے قدم روایت کی چٹانوں پر مستحکم طور سے جمے ہوئے ہیں، مگر ان کے شاعرانہ طلسم نے ان کے سایہ کو اتنا وسیع و عریض کر دیا ہے کہ وہ ماضی اور حال دونوں پر محیط ہو گیا ہے۔

پروفیسر حکم چند نیر صاحب، صدر شعبۂ اردو
بنارس ہندو یونیورسٹی، وارانسی

دستک

بنارس کی سرزمین قدیم الایام سے علم وفن اور شعروادب کا گہوارہ رہی ہے۔ شعروادب اور علوم وفنون کے ماہروں، سرپرستوں، شیدائیوں اور سخن سنجوں کی یہاں کسی بھی زمانے میں کمی نہیں رہی۔ قدیم عہد میں بنارس سنسکرت زبان اور ویدک علوم کا مرکز رہا۔ تو عہدِ وسطیٰ میں عربی وفارسی زبانوں کے علوم میں غیر معمولی شہرت کا حامل رہا۔ جدید ہندوستانی زبانوں کے زمانۂ آغاز میں تلسی داس اور کبیر کی شاعری کی ہندوستان گیر مقبولیت اور شہرت کسی مزید تفصیل و تعارف کی محتاج نہیں۔

بنارس کی فضا ہمیشہ مذہبی رواداری اور قومی ہم آہنگی سے معطر رہی ہے۔ اس فضا میں مختلف مذاہب اور ان سے متعلق علوم وفنون اور فلسفوں کو پھولنے پھلنے کے وافر مواقع ملے ہیں۔ شیخ علی حزیں جیسا نک چڑھا شاعر جو دلّی اور عظیم آباد، بلکہ پورے ہندوستان سے بیزاری کا اظہار کرتے نہیں تھکتا تھا، بنارس پہنچا تو بول اٹھا۔

از بنارس نہ روم معبد عام است ایں جا ہر برہمن پسرے لچھمن و رام است ایں جا

بہرحال، ایسی کھلی فضا میں علوم وفنون اور شعروادب کا ذوق از خود ترقی کرتا ہے۔ یہی وجہ ہے اردو شاعری کے دلی اور لکھنؤ جیسے اہم مرکزوں سے دور ہونے کے باوجود یہاں اردو شعروادب کے ذوق کی نشو ونما شروع ہی سے ہونے لگی تھی۔ ڈرامائی اور افسانوی ادبیات میں آغا حشر کاشمیری اور منشی پریم چند کے اسمائے گرامی اردو والوں کے لئے کسی تعریف و تعارف کے محتاج نہیں۔ آج بھی یہاں شعروادب کی کامیاب محفلیں

وقتاً فوقتاً منعقد ہوتی رہتی ہیں اور خوش بیان شعراء، شعر و نغمہ سے سخن فہم سامعین کو محظوظ و مسرور کرتے رہتے ہیں۔

موجودہ دور کے کہنہ مشق اور پختہ گو شاعروں میں جناب **جوہر صدیقی** خاص اہمیت رکھتے ہیں۔ وہ ۲۸ راگست ۱۹۲۸ء کو بنارس میں پیدا ہوئے۔ ان کا نام محمد عبدالحق ہے اور تاریخی نام محمد نظیر الدین، لیکن بنارس اور بیرونِ بنارس کے حلقوں میں وہ اپنے تخلص ہی سے جانے جاتے ہیں۔ جوہر صاحب نے رواج زمانہ کے مطابق عربی و فارسی زبان و ادب کی تعلیم جامعہ حمیدیہ رضویہ، بنارس میں حاصل کی۔ کاروباری طبقے کے افراد میں تعلیم زیادہ تر عربی، فارسی یا سنسکرت تک محدود رہتی ہے، کیوں کہ یہ لوگ سرکاری ملازمتیں نہیں کرتے اس لئے یونیورسٹی کی ڈگریوں کے پیچھے نہیں دوڑتے۔ جوہر صاحب نے کامل کا امتحان پاس کیا اور اپنے خاندانی کاروبار میں مصروف ہو گئے۔

جوہر صدیقی کے گھر میں شعر و ادب کے چرچے ہمیشہ ہوتے رہے۔ اُنکے اجداد میں ایک بزرگ شمس الدین صاحب شمس بنارسی نے شیخ علی حزیں سے فارسی کی تعلیم حاصل کی تھی اور شعر و شاعری میں بھی استفادہ کیا تھا۔ اُن کے پر دادا حاجی یار محمد صاحب، دادا حاجی عبدالحمید صاحب اور والد جناب عبدالستار صاحب شعر و ادب کا اچھا ذوق رکھتے تھے۔ اُن کے یہاں شہر کے ممتاز شاعروں اور ادیبوں کی نشستیں اکثر منعقد ہوتی رہتی تھیں۔ جوہر صاحب کو بچپن ہی سے یہ محفلیں دیکھنے اور ان سے فائدہ اٹھانے کے مواقع کثرت سے ملے۔ اور ان کے شعر و ادب کے فطری ذوق کی نشو و نما ہوئی۔ وہ ایک اعتبار سے معدودے چند خوش نصیبوں میں سے ہیں کہ اُن کے والد صاحب ان کی شعر گوئی کی حوصلہ افزائی کرتے تھے۔ حالانکہ اکثر و بیش تر والدین اپنے بچوں کو شعر و شاعری سے دور رکھنے کی کوشش کرتے رہتے ہیں۔ جوہر صاحب کے والد انھیں طرح کے مصرعے دے کر شعر کہنے کی فرمائش کرتے تھے اور پھر اس کلام کے بارے میں گفتگو کر کے اُسے ضائع کر دیا جاتا تھا۔ اس طرح جوہر صاحب کو مشقِ سخن

۷

کے وافر مواقع حاصل ہوئے۔ اُس دور کے دو شعر اُن کے ذہن میں محفوظ رہ گئے ہیں۔ ایک شعر انھوں نے ۱۹۳۸ء میں ایک نعتیہ مشاعرہ سُن کر کہا تھا۔

مبارک ہو جہاں والو محمد مصطفیٰ آئے ہمارے رہنما بن کر حبیبِ کبریا آئے

دوسرا شعر ایک غزل کا ہے۔

ناگفتہ بہ ہے حالتِ مےخانہ ساقیا محفل کا رنگ آج ہے پھیکا ترے بغیر

باقاعدہ طور پر شعر گوئی شروع کی، تو انھوں نے بنارس کے بزرگ شاعر جناب مسلم الحریری صاحب کے سامنے زانوئے ادب تہ کیا اور شعر و ادب کے رموز و نکات پر دسترس حاصل کی۔ بیسویں صدی کے پانچویں عشرے میں اردو میں ترقی پسند تحریک کا شہرہ تھا، اس تحریک کے تحت نظم گوئی زیادہ مقبول تھی، لیکن اس تحریک کا کھوکھلا پن جلد ہی ظاہر ہو گیا تھا، اسلئے جو لوگ اپنی شاعری کو پراپگنڈے سے دور رکھنا چاہتے تھے وہ اس تحریک سے الگ رہ کر قومی، وطنی اور فطرت کے موضوعات پر نظمیں لکھتے تھے۔ جوؔہر صاحب نے اردو کے بیشتر مروجہ اصناف میں شاعری کی ہے لیکن غزل سے انھیں ایک خاص لگاؤ رہا ہے۔

غزل کو اردو شاعری کی آبرو کہا گیا ہے۔ ممکن ہے کہ بعض حضرات نے اس سے اختلاف بھی کیا ہو، لیکن اس میں کوئی شبہ نہیں کہ غزل ایک دودھاری تلوار ہے۔ اگر ایک طرف اس نے بہتوں کو عروج و اقبال بخشا ہے، تو دوسری طرف بہتیروں کی آبرو اتار بھی لی ہے۔ اس کی کیفیت بالکل ؏ دم بہ دم با من و ہر لحظہ گریزاں از من والی رہی ہے۔ اس کا راز غزل کی تہ داری، رمزیت اور وسعت امکانات وغیرہ خصوصیات میں پنہاں ہے۔ اُن لوگوں سے اتفاق نہیں کیا جا سکتا جو غزل کی فضا کو قبر کی طرح تنگ اور ناہموار اور غزل کو حقارت کی نگاہ سے دیکھتے ہیں۔ اِس کے جلوہ ہائے ہزار رنگ بہرحال دامنِ دل کو کھینچتے ہیں۔ ترقی پسندوں کی مثال سامنے کی ہے۔

اردو غزل نے ہر دور میں اپنے صنفی امکانات کی بنا پر مختلف اور متضاد

رجحانات کی نمائندگی کی ہے۔ میر تقی میر جن دنوں دلِ پُرخوں کی گلابی سے شرابی بننے کی کوشش میں مصروف تھے، اسی زمانے میں سودا خارجیت کے ساز پر لہک لہک کر گا رہے تھے۔

باتیں کدھر گئیں وہ تری بھولی بھولیاں دل لے کے بولتا ہے جواب تو، یہ بولیاں۔

یہی کیفیت انشا اور مصحفی کے یہاں بھی نظر آتی ہے۔ محمد حسین آزاد بوڑھے مصحفی پر لاکھ امروہہ پن کی پھبتی کسیں، لیکن حقیقت یہ ہے کہ ان کی غزلوں میں جو دھیمی دھیمی آنچ محسوس ہوتی ہے، وہ انشا کی بازی گری اور اُچھل کود سے بالکل مختلف ہے، جو بڑے فخر کے ساتھ کہتے ہیں۔

مجھے چھیڑنے کو ساقی نے دیا جو جام الٹا تو کیا بہک کے میں نے بھی اسے سلام الٹا

یہ غزل کے امکانات ہی تھے، جنھوں نے ناسخ کو استاد اور آتش کو شاعر بنا دیا اور آزاد کی لاکھ ہائیں ہائیں کے باوجود ذوق کی دستار فضیلت کو نظر انداز کر کے زمانے نے غالب کو سر آنکھوں پر بٹھایا۔

اور نیچے اُتریے تو کچھ اور ہی تماشا نظر آتا ہے۔ جن دنوں آزاد اور حالی وغیرہ جدید شاعری کی بنیاد ڈال رہے تھے اور سرور و چکبست، اسماعیل اور صفی وغیرہ نظم گوئی کے میدان میں جمے ہوئے تھے، ٹھیک اسی زمانے میں داغ، امیر، جلال اور اسیر وغیرہ قدیم رجحان کی نمائندگی کرتے ہوئے صنفِ غزل میں دادِ سخن دری دے رہے تھے۔ تقریباً یہی کیفیت ترقی پسند تحریک کے دور میں بھی رہی ہے۔ فیض۔ مجاز۔ مخدوم۔ سردار جعفری وغیرہ نظم گو کی حیثیت سے نئے رجحانات کی پیش کش میں مصروف تھے، تو حسرت، اصغر، فانی، یگانہ، جگر اور فراق وغیرہ قدیم غزل سے وابستہ تھے۔

اردو شاعری میں اب جدیدیت کا دور دورہ ہے۔ نظم کی فضا مکمل طور پر اور غزل کی فضا بڑی حد تک بدل چکی ہے۔ نئے رموز، نئی علامتیں، نئی تشبیہیں اور نئے استعارے شعری زبان کو تبدیل کرتے جا رہے ہیں۔ اس میں رطب بھی ہے اور یابس بھی، گہر پارے بھی ہیں اور خزف ریزے بھی، لیکن اس کا یہ مطلب نہیں کہ غزل کی قدیم روایت دم توڑ چکی ہے اور اس میں دادِ سخن دینے کے امکانات بالکل مفقود ہو چکے ہیں۔ نہیں، بلکہ یہ طرزِ سخن اب بھی قائم ہے

اور جناب جوہر صدیقی کلا مجموعۂ کلام "آوارہ لکیریں" اس کی ایک زندہ مثال ہے۔

جناب جوہر صدیقی بنارس کے خوش فکر، خوش گو اور کہنہ مشق شاعروں میں شمار کئے جاتے ہیں۔ یہاں کی شعری انجمنوں اور ادبی محفلوں میں ان کی شرکت بزم کی رونق میں اضافے کا سبب بنتی ہے۔ پختگی اور سلیقہ مندی اُن کی شاعری کے خاص جوہر ہیں۔ حسن وعشق کی کشمکش، جو شاید ازلی بھی ہے اور ابدی بھی، ان کی غزلوں کا بنیادی موضوع ہے۔ محبت کی واردات وکیفیات کو وہ مزے لے لے کر بیان کرتے ہیں اور ہزار بار سننے سنانے کے باوجود یہی باتیں اُن کے یہاں ایک نیا لطف دے جاتی ہیں۔ چند اشعار ملاحظہ ہوں۔

لوٹ لے کوئی تو بستی، ورنہ ویرانہ ہے دل
جتنا پیاسا، اتنا ہی آباد میخانہ ہے دل

چاہتا ہے رقصِ جلوہ اپنے سازِ شوق پر
ان کا دیوانہ نہیں، خود اپنا دیوانہ ہے دل

حسن والو! کچھ تو پاسِ آبروئے غم کرو
مجھ کو محفل میں نہ ڈھونڈو، میرا کاشانہ ہے دل

انکارِ محبت میں وہ حسنِ بیاں اس کا
برسوں مجھے ظالم کے ہر لفظ کی یاد آئی

شمعِ طلب بجھا کے بھی جاگے تمام رات
ہم آج انتظار کی حد سے گزر گئے

نہ چھپا سکے حقیقت وہ زباں تراش کر بھی
ہیں فسانہ در فسانہ کسی بے زباں کی باتیں

تعلقات کا یہ موڑ، اے معاذ اللہ
کہ اجنبی کی طرح سے رُکے، ملے، گزرے

قیامتوں نے جہاں عذرِ احتیاط کیا
وہاں سے بھی دلِ وحشی کے حوصلے گزرے

مرے سوزِ نہاں سے گرم تر ہے حسن کا آنسو
مجھے اس برقِ حل گشتہ کا اندازہ نہ تھا پہلا

لو امتحانِ تلخیٔ حالات ہو گیا
ذوقِ بہشت نذرِ خرابات ہو گیا

۱۰

سب نے رودادِ غمِ الفت کہی جی کھول کر
سب نے اس قصے کو محتاجِ بیاں رہنے دیا

جناب جوہر صدیقی جب کبھی کوچۂ محبوب کے طواف سے فرصت پاتے ہیں اور شاہراہِ عام پر آ کر وقت کی سنگینی، بدلے ہوئے حالات اور انقلاباتِ زمانہ کا مشاہدہ کرتے ہیں تو اُن کے یہاں عصری حسیت بھی اپنی جھلکیاں دکھانے لگتی ہے اور اس قسم کے شعری شہ پارے وجود میں آجاتے ہیں۔

بے خودی جب تھی تو دل تھا دفترِ صد آرزو
ہوش جب آیا تو اک بکھرا ہوا شیرازہ تھا

آنکھیں کھلیں تو اب ہمیں کچھ سوجھتا نہیں
وہ روشنی کی بھیڑ تھی خوابوں کے شہر میں

ہم سے خود اپنے چہرے نہ پہچانے جائیں گے
ہم لوگ یوں ملیں گے کتابوں کے شہر میں

کون کرتا ہے شکستِ آرزو کا اعتراف
بزم میں ٹوٹا کریں پیمانے پیمانوں کے بعد

اُس نے ہی بھرا زہر سے پیمانہ ہمارا
جوہر! وہ، جسے پیرِ مغاں ہم نے بنایا

دل کے زخموں سے چُرا کر تازگی لے آئے ہیں
کیسے کیسے اپنے ہونٹوں تک ہنسی لے آئے ہیں

انتظارِ شمع ہے کتنے گھروں میں اور لوگ
روشنی کی انجمن سے تیرگی لے آئے ہیں

آئے کیا کیا انقلاب اس گلستاں میں مگر
انتظارِ انقلاب دیکھئے کب تک رہے

ہے بساطِ رنگ و رامش تمہیں جاں نواز لیکن
میں حیات کا ترانہ سرِ دار چاہتا ہوں

ہوش آنے دو ذرا اہلِ خرد کو جوہر
جتنے غم ہیں غمِ جاناں کے حوالے ہوں گے

بلائے بیکسی لائی ہے اُن کے شہر میں ہم کو
جو طرزِ نالہ پہچانیں، نہ تہذیبِ فغاں دیکھیں

آج تک داغِ دلِ لالۂ گیتی نہ گیا
جانے کیا گزری ہے مٹی پہ بشر ہونے تک

۱۱

چمن میں دیدۂ نرگس کو نور دے کر بھی — نصیبِ عشق بیاباں ہے، کیا کیا جائے

تہذیبِ فتنہ پہنچی ہے اب اِس عروج پر — بستی جلے تو شہرِ چراغاں دکھائی دے

اس جستجو میں ٹوٹے ہزاروں ہی آئینے — انسان اس زمانے کا انساں دکھائی دے

پونچھ کر آنسو مجھے گھر سے نکلنا ہی پڑا — بیٹھنا تھا دو گھڑی اپنے شناساؤں کے ساتھ

میل کے پتھر کیے جائیں مسافت کا حساب — ہم تو آگے بڑھ گئے تیری تمنّاؤں کے ساتھ

کیا ملے جوہرؔ! وہاں دادِ غمِ ہستی جہاں — جی رہے ہیں لوگ مرنے کی تمنّاؤں کے ساتھ

میرا اُجڑا ہوا گھر جس میں نہ دیوار نہ در — ہو گیا ہے وہی گھر مجھ پہ مقفّل کیسے

کلیوں میں کھیلے ہیں، پھولوں میں پلے ہیں جو لوگ — اُن کے ذہنوں میں اُگے کانٹوں کے جنگل کیسے

جناب جوہرؔ صدیقی کے مجموعۂ کلام کی اشاعت باعثِ مسرّت ہے۔ امید ہے کہ اصحابِ ذوق اسے شوق کے ہاتھوں سے لیں گے اور قدر کی نگاہوں سے دیکھیں گے۔

حکم چند نیّرؔ

۲۷؍ نومبر ۱۹۸۵ء

بیاں اپنا

اردو کی شعری صنفوں میں "غزل" سب سے زیادہ مطعون اور حریفانہ تنقید کا نشانہ رہی ہے۔ کسی نے اسے نیم وحشی صنفِ سخن قرار دیا تو کسی نے اس کو جدید تصورات کی راہ میں سب سے بڑی رکاوٹ تصور کیا، کبھی اسے قدامتِ محض اور جذباتی تفریح و تسکین کا وسیلہ سمجھا گیا تو کبھی زمانے کے بدلتے ہوئے حالات اور نئے رجحانات کا ساتھ دینے کے لئے اس کی عدم صلاحیت کا اعلان کیا گیا۔ لیکن ہر مخالفانہ شور و غوغا کے بعد یہ حقیقت اور زیادہ اُبھر کر سامنے آتی رہی کہ غزل کی رمزیت وسیع تر امکانات کی حامل ہے، اور اس کے پُر تاثیر لب و لہجہ کو دلوں میں اُتر جانے کا جو ہنر آتا ہے وہ دوسری اصنافِ سخن سے نسبتاً بہت زیادہ اور حیرت انگیز ہے۔ اس بات سے انکار آسان نہیں کہ تغزل کے بغیر شاعری دماغوں پر ضرب تو لگا سکتی ہے مگر دلوں کو متأثر نہیں کر سکتی۔ غزل کے مقابلہ میں نظم کی افادیت و اہمیت پر اتنا زور دیا گیا ہے کہ غزل گوئی کی مخالفت نظم گوئی کی حمایت کے لئے ضروری سمجھی جانے لگی۔ بلاشبہ نظم ایک باوقار صنف ہے، لیکن اس کے وقار سے غزل کی آبرو کا سودا کرنا ایک بڑے ادبی خسارہ کے سوا کچھ نہیں۔

علی گڑھ تحریک نے اردو ادب کو روایتی بندشوں سے آزاد کرانے کی جو مہم شروع کی تھی اور قدامت پرستی کے اندھیروں میں تجدید کا چراغ روشن کیا تھا، اُسکے تحت اردو ادب میں جو فکری اور نظریاتی تغیر رونما ہوا، وہ ہمہ گیر تھا۔ یہ سمجھنا کہ اُس کا اثر نظم گوئی تک ہی محدود رہا یا نظم نگاری ہی تجدیدِ ادب کی علامت ہے، صحیح نہیں۔ غزلوں میں بھی یہ اثر نمایاں طور سے ظہور پذیر ہوا، اور بزمِ جاناں کی سحر انگیز ضیاپاشیوں

اور شبِ ہجراں کی جنوں خیز تاریکیوں سے نکل کر زندگی کی تلخ حقیقتوں اور حالات و انقلاب کی سختیوں سے آنکھیں ملانے کا حوصلہ غزلوں میں پیدا ہوا، اسکے لب و لہجہ میں وزن اور اسلوب بیاں میں سنجیدگی آئی، نئی اقدار، نئے رجحانات اور عصری تقاضوں سے عہدہ برآ ہونے کے لئے فکر میں گہرائی، علامتوں میں تبدیلی، ترکیبوں میں تنوع اور لفظوں کے معنوی اُفق میں وسعت پیدا ہوئی۔ اب غزل صرف حسنِ محبوب کی عکاس نہیں رہی بلکہ حیات و کائنات کی آئینہ دار بھی ہوگئی۔ شکنِ گیسو کی جگہ حالات کے پیچ وخم اور زندگی کے نشیب و فراز غزلوں کا موضوعِ سخن ہوئے، اخلاقی، سماجی، سیاسی اور دیگر مسائل حیات زبانِ غزل پر مؤثر انداز میں آنے لگے، اور غزلیں دلوں کو ولولہ بخشنے کے ساتھ ساتھ دماغوں کو بھی روشنی عطا کرنے لگیں۔ یہ کہنا غلط نہیں کہ انقلابِ وطن کی تحریک میں غزلوں کا حصہ نظموں یا دیگر اصناف سے کسی طرح کم نہیں ہے، تحریک آزادی کا عہد ہو یا آزادی کے بعد کا زمانہ، غزلوں کی اہمیت و افادیت ہر دور میں مسلّم رہی ہے اور ہے۔

اس مشینی دور میں جب زندگی اتنی مصروف ہوگئی ہے کہ دماغی الجھنوں سے ذرا دیر کے لئے چھٹکارہ پانے اور ذہن کا ماحول بدلنے بلکہ بسا اوقات ضروری مسئلوں پر گفتگو کی خاطر بھی وقت نکالنا انسانوں کے لئے دشوار ہو رہا ہے، یہی وجہ ہے کہ طویل نظموں اور افسانوں کی جگہ مختصر نظمیں اور افسانے رواج پا رہے ہیں۔ اس صورتِ حال میں غزل کی اہمیت و مقبولیت اور بھی بڑھ جاتی ہے، غزل کی اشاریت و رمزیت بسیط مضمون اور وسیع مفہوم کو ایک شعر میں سمو دینے کی جو صلاحیت رکھتی ہے وہ اس دور کے لئے نہایت اہم، کارآمد اور جاذبِ توجہ ہے۔ غزل کے غیر مربوط اشعار الگ الگ افکار و خیالات کے مظہر ہوتے ہیں اور جداگانہ کیفیت رکھتے ہیں، غزل کی یہ ہیئت بھی موردِ طعن و الزام رہی ہے۔ لیکن اسے کیا کہا جائے کہ آج یہی ہیئت غزل کی خوبیوں اور کمال میں ایک خاص دلکشی کے اضافہ کی حامل نظر آتی ہے۔ ایک مختصر غزل کو سن کر یا پڑھ کر سامعین و قارئین کے مختلف جذبوں کی تشفی بیک وقت اور جتنے کم وقفہ میں ہو جاتی ہے، وہ ایک طویل نظم

سے ممکن نہیں

غزل کی انھیں خصوصیات کے باعث میرا میلانِ ذوق غزل کی طرف دوسری صنفوں کی بہ نسبت زیادہ رہا ہے۔ میں نے بیشتر اصنافِ سخن میں طبع آزمائی کی ہے، لیکن میرے خیال میں اگر فکر کی گیرائی و گہرائی اور جذبے کی متوازن لہروں کے ساتھ متناسب لب و لہجہ اختیار کیا جائے تو غزل غمِ دل اور کربِ زمانہ کی ہم آہنگی کا وہ آئینہ دکھاتی ہے جس میں زندگی، ادب اور ادب، زندگی نظر آتا ہے۔

زیر نظر مجموعہ کی ترتیب اور انتخابِ کلام کے سلسلہ میں محترم دوست جناب حسن نجمی سکندر پوری نے جو گراں قدر مشورے دئے اور جناب پروفیسر حکم چند نیر صاحب نے جس مشفقانہ انداز سے حوصلہ افزائی فرمائی، اس کے لئے تہ دل سے شکر گزار ہوں، اپنے عزیز ساتھی جناب برہمدیو مدھر کا بھی بے حد ممنون ہوں جنھوں نے اپنی تمام تر فنکارانہ و مصورانہ صلاحیتوں کے ساتھ "آوارہ لکیریں" کی تزئین کاری میں پوری دلچسپی اور لگن سے کام لیا۔ یہ مجموعہ تدوین و طباعت کی منزل تک ہی نہ پہنچ پاتا اگر جناب فاروق اکرم بنارسی، جناب عبدہٗ اعظمی، جناب سراج بنارسی، جناب نذیر احمد فراز مبارکپوری اور جناب ضیا بنارسی نے بہیم اصرار اور متواتر تقاضوں سے مجھ جیسے لاپروا کو اس کام کے لئے آمادہ بلکہ مجبور نہ کر دیا ہوتا، قدم قدم پر ان کا مخلصانہ تعاون میرے ارادوں کو مہمیز کرتا رہا، یہاں تک کہ "آوارہ لکیریں"، آپ کے ہاتھوں تک پہنچ گئی۔ ان دوستوں کا شکریہ ادا کرتے ہوئے جی ڈرتا ہے، کہیں وہ اسے اپنے خلوص و محبت کی توہین نہ سمجھ لیں۔

جوہر صدیقی

انتساب

محترم والدِ مرحوم کے نام
جن کی علم دوستی اور ادب نوازی،
جوھر کی شکل میں آج بھی زندۂ و
سلامت ہے۔

جوہر صدیقی

۱۶

خونِ دل کی ناز پروردہ ہے صہبائے غزل
گردنِ جاناں سے نازک تر ہے مینائے غزل

جوھر صدیقی

۱۷

○

کتنا شرمندہ مذاقِ دردِ انسانی ہے آج
قاتلوں کو بھی غرورِ پاک دامانی ہے آج

اُف رے ماضی! تیری چیخوں کی صدا بازگشت
سازِ ہستی کی صدا کس درجہ طوفانی ہے آج؟

چہرہ اُترا، زلف اُلجھی اور افسردہ نظر
دوستوں کو پھر بھی ارمانِ غزل خوانی ہے آج

کاش مٹنے والے بھی آکر یہ منظر دیکھتے
کتنا سنجیدہ مزاجِ فتنہ سامانی ہے آج

آشیاں لُٹنے پہ کل تک پھول ہنستے تھے جہاں
رقص فرما، دیکھ اُسی گلشن میں ویرانی ہے آج

۱۸

آپ کے سمٹے ہوئے دامن کو اس کی کیا خبر
کس قدر رُسوا خلوصِ اشک افشانی ہے آج

جتنا روشن ہے شرابی کے گناہوں کا چراغ
اتنی ہی تاریک تر زاہد کی پیشانی ہے آج

ایک لغزش جس کو جوہرؔ عینِ مستی کہہ سکوں
بزم میں یوں تو بہکنے کی فراوانی ہے آج

۱۹

○

مجھے زہر وجہِ شفا ہوا، غمِ چارہ گر پہ نظر کرو!
مری موت مجھ سے خفا ہوئی، مرے دوستوں کو خبر کرو!

نہ خیالِ سوزِ جگر کرو، نہ ملالِ دیدۂ تر کرو!
یہی کاروبارِ حیات ہے کہ شکایتوں پہ گزر کرو!

یہی راہ ورسمِ خیال ہے، کہ چلے بغیر سفر کرو!
کبھی رات شہر میں کاٹ دو! کبھی جنگلوں میں سحر کرو

نہیں اَبْ کشاکشِ امتحاں، نگہ و جمال کے درمیاں
مری آنکھ دیر سے بند ہے، رُخِ التفات اِدھر کرو

جو ہو قدرداں، تو کرو عطا اسے بحر بننے کا حوصلہ
ذرا دامن اپنا سمیٹ لو، کسی قطرے کو نہ گُہر کرو!

۲۰

نہیں غم کی ایسی ادا کوئی، جسے کہیئے لائق بے رُخی
وہی آہ پیش کروں تمھیں، جسے بے نیازِ اثر کرو!

جو سناؤ گے وہ سنیں گے ہم، مگر اہلِ دل کی تمھیں قسم
نہ جلے زبان جو محترم، تو بیانِ دامنِ تر کرو!

جو رہے گا جوہرِ سخت جاں، تو بڑھے گا نازِ ستم گراں
یہ مکینِ شہرِ بتاں ہے کیوں؟ اِسے پہلے شہر بدر کرو!

۲۱

○

تازگی خود صلح کر لیتی ہے صحراؤں کے ساتھ
تشنگی کی جنگ جب ہوتی ہے دریاؤں کے ساتھ

ہر سفر اِس دَور میں ہوتا ہے کانٹوں سے شروع
رہبرو بیٹھو! نہ جاؤ عزم پیماؤں کے ساتھ

غم گساری کا تقاضا تھا، کہ مستقبل کا خوف
اِک سُہاگن رو رہی تھی کل جو بیواؤں کے ساتھ

پونچھ کر آنسو، مجھے گھر سے نکلنا ہی پڑا
بیٹھنا تھا دو گھڑی اپنے شناساؤں کے ساتھ

میل کے پتھر کیے جائیں مسافت کا حساب
ہم تو آگے بڑھ گئے تیری تمناؤں کے ساتھ

۲۲

ہم تو کب سے آ کے ساحل پر ہیں اُن کے منتظر
رہ گئے وہ کِس بھنور میں؟ تھے جو آقاؤں کے ساتھ

کیا ملے جوھرؔ! وہاں دادِ غمِ ہستی، جہاں
جی رہے ہیں لوگ مرنے کی تمنّاؤں کے ساتھ

۲۳

○

اُن کو شکوہ تھا کہ ہے بادہ کشی میرا شعار
پارسائی کو بھی لیکن نہ ملا دامن یار

دل نے اب سمجھا، تری زلفِ پریشاں کی قسم
چاکِ داماں بھی نہیں ٹھہرا جنوں کا معیار

ذوقِ تنہائی پہ ہے اُن کا تصوّر بھی گراں
فطرتِ درد ہوئی جاتی ہے کتنی خوددار

اے مرے پردہ نشیں حشرِ تجلی معلوم
گر حجابوں پہ رہا ذوقِ نظارہ کا مدار

وہ فروغِ دلِ سوزاں نے مجھے بخش دیئے
بے نیازِ قمر و شمس ہیں جو لیل و نہار

تازگی چھین لی ہر چند خزاں نے لیکن
سینۂ گل میں دھڑکتا ہے ابھی قلبِ بہار

مجھ کو پی کر ہی سہی نیند کچھ آئی ہے مگر
سو سکا تو بھی کبھی اے مرے قلبِ بیدار

سخت جانی سے مری جانے سمجھ بیٹھے ہیں کیا
بوالہوس بھی نظر آنے لگے آمادۂ دار

جس سے اک زلف سنواری نہ گئی ہو جوہرؔ
اُس کو حکمِ غمِ دنیا ہے کہ حالات سنوار

۲۵

ہوں گے بزم آرا یوں ہی مستانے مستانوں کے بعد
محتسب لوٹا کرے میخانے میخانوں کے بعد

کیوں نہ ہوں رسوائے غم افسانے افسانوں کے بعد
جب ترس کھاتے رہیں بیگانے بیگانوں کے بعد

کون کرتا ہے شکستِ آرزو کا اعتراف
بزم میں ٹوٹا کریں پیمانے پیمانوں کے بعد

دل کے معیارِ تباہی پر کوئی ٹھہرا نہیں
زیرِ گام آتے رہے ویرانے ویرانوں کے بعد

رات کی تاریخ صدیوں سے اِسی منزل میں ہے
شمع کو چھیڑا کئے پروانے پروانوں کے بعد

اک ذرا بدلا تھا پہلو میں نے اُن کے نام پر
پھر تو دنیا نے کہے افسانے افسانوں کے بعد

۲۶

میرے نقشِ پا سلامت ہیں تو ہو تم کیوں اداس
آئیں گے اِس راہ میں دیوانے دیوانوں کے بعد

کوئی تو ٹھہرے گا شایانِ تپاکِ بے رخی
پیش کرتے جائیے نذرانے نذرانوں کے بعد

اب بھی کیوں تنہا مرا سر آبروئے دار ہے
موت نے جاری کئے پروانے پروانوں کے بعد

لاج رکھ لیں گے تمھارے جذبۂ تخریب کی
ہم بساتے جائیں گے کاشانے کاشانوں کے بعد

سُن کے اک بے دردسے **جوہرؔ** مرا ذکرِ جنوں
میرے پاس آیا کئے فرزانے فرزانوں کے بعد

۲۷

بلا کے دن، تو قیامت کی رات گذری ہے
بڑے عذاب سے فکرِ نجات گذری ہے

ہمارے نقشِ قدم راہ میں ہیں کیوں تنہا
ہمارے ساتھ تو اک کائنات گذری ہے

تمھیں بھی یاد ہو شاید کہ میری دنیا سے
سحر لٹاتے ہوئے ایک رات گذری ہے

عجیب طرح کے قصے جہاں میں ہیں مشہور
تمھارے کانوں سے بھی کوئی بات گذری ہے

تھی شعلہ بار وہ بادِ بہار بھی کتنی
اِدھر سے جو زرہِ التفات گذری ہے

۲۸

کبھی کبھی غمِ جاں کی اندھیری راہوں سے
تجلیاتِ سکوں کی برات گذری ہے

نصیب عشرتِ نظارہ اُس نظر کو کہاں
جو بے نیازِ غمِ کائنات گذری ہے

لہو میں ڈوب کے بھی سب کو دے گئی ساحل
وہ زندگی جو کنارِ فرات گذری ہے

یہ اہلِ دل کے سرہانے کی بات ہے جوہرؔ
یہیں سے موت برنگِ حیات گذری ہے

۲۹

اتنا بھی اب نہ کوئی نمایاں دکھائی دے
خود اپنی برتری سے ہراساں دکھائی دے

ہے کس کے آشیانے میں جلنے کا یہ شعور
اُٹھے دھواں تو ابرِ بہاراں دکھائی دے

اِس جستجو میں ٹوٹے ہزاروں ہی آئینے
انسان اِس زمانے کا، انساں دکھائی دے

وحشی سے دور ہی رہو ایسا نہ ہو کہیں
ہر برگِ گل میں تم کو بیاباں دکھائی دے

پہلے ہی اُس کی وعدہ خلافی معاف ہے
جو شخص وعدہ کرکے پریشاں دکھائی دے

۳۰

کتنے ہی دل جلوں کی ملی ہو گی اِس میں راکھ
مٹی ہے، یوں ہی کیسے درخشاں دکھائی دے

تہذیبِ فتنہ پہنچی ہے اب اِس عروج پر
بستی جلے تو شہرِ چراغاں دکھائی دے

جذبِ دل آزمانے کو چلئے وہیں چلیں
جس بزم میں ہجومِ رقیباں دکھائی دے

جوھرؔ، محبتوں کا فریبِ نظر نہ پوچھ
برسے بھی جب کوئی تو غزل خواں دکھائی دے

۳۱

○

ختم ہو شورشِ حالات کی ہلچل کیسے
تم سلامت تو یہ قصہ ہو مکمل کیسے

میرا اجڑا ہوا گھر جس میں نہ دیوار نہ در
ہو گیا ہے وہی گھر مجھ پہ مُقفل کیسے

تھے فلک بوس زمانے کی امیدوں کے محل
کھا گئی اُن کو ترے وعدوں کی دلدل کیسے

کلیوں میں کھیلے ہیں پھُولوں میں پلے ہیں جو لوگ
اُن کے ذہنوں میں اُگے کانٹوں کے جنگل کیسے

سُنتے ہیں یاروں نے وحشت کا چلن چھوڑ دیا
اب ترے شہر میں ہیں پیار کے مقتل کیسے

۳۲

شام سے رعشۂ مایوسی ہے جن ہاتھوں میں
جانے سرکائیں گے وہ صبح کا آنچل کیسے

پی کے آنسو بھی جو پیاسے رہے اُن سے پوچھو
آگ برساتے ہیں برسات میں بادل کیسے

ہم نے برفیلی فضاؤں کی تپش دیکھی ہے
ہم سے پوچھو کہ ہیں گیسوئے مسلسل کیسے

غم نہ کر اشک تو جوہرؔ ہی کے حصے میں رہے
دُھلنے پائے گا تری آنکھوں سے کاجل کیسے

۲۳

○

ہے مسافرانِ حیات میں کوئی اختلاف نہیں نہیں
یہ تو ہے شرافتِ ہمرہی تو فلک فلک میں زمیں زمیں

میں تری گلی میں کہاں تلک غمِ جستجو کو فریب دوں
ترے آستانے کی رونقیں تو بکھر چکی ہیں جبیں جبیں

تو نقاب اٹھائے تو کچھ کھلے ترے امتیاز کا ماجرا
مری چشمِ حسن فروش میں ہیں تمام چہرے حسیں حسیں

یہ تھکی تھکی ہوئی آندھیاں مرا ساتھ دیں گی کہاں کہاں
کہ بجھے چراغ جہاں جہاں جلی شمعِ عزم وہیں وہیں

کوئی گھر نہیں تو لٹے بھی کیا کوئی سر نہیں تو کٹے بھی کیا
اِسے شہرِ امن و اماں کہو نہ مکاں مکاں نہ مکیں مکیں

۳۴

اِنھیں خشک پتوں پہ تذکرے میں لکھوں گا تازہ بہار کے
مری کائناتِ تباہ میں ابھی تازگی ہے کہیں کہیں

وہ ترا تبسم گل فشاں یہ ہمارے اشک تپاں تپاں
کہیں تتلیاں کہیں بجلیاں وہ گماں گماں یہ یقیں یقیں

یہی جوھرا اپنا فسانہ ہے یہی رنگِ لطفِ زمانہ ہے
کہ ہر ایک عرضِ خلوص کا وہی اک جواب نہیں نہیں

آوارہ لکیریں (غزلیات) جوہر صدیقی

دل کے زخموں سے چرا کر تازگی لے آئے ہیں
کیسے کیسے اپنے ہونٹوں تک ہنسی لے آئے ہیں

عرضِ مظلومی بشرطِ خامشی لے آئے ہیں
غم نہ کر ہم آبروئے بے بسی لے آئے ہیں

پتھروں کی سختیاں چہروں سے شرمائیں جہاں
اُس جگہ ہم دولتِ شیشہ گری لے آئے ہیں

خون کے آنسو کی اِس محفل میں گنجائش کہاں
ہم تو یارو عشرتِ بے چارگی لے آئے ہیں

انتظارِ شمع ہے کتنے گھروں میں اور لوگ
روشنی کی انجمن سے تیرگی لے آئے ہیں

۳۶

دے دیا سورج کو ہم نے اپنی خوشیوں کا لہو
صبح کے منظر میں ہم بھی دلکشی لے آئے ہیں

بھر دئے جام و سبو آخر ہماری پیاس نے
ہم بنامِ تشنگی دریا دلی لے آئے ہیں

جس طرف دیکھو یہاں نخوت گہِ نمرود ہے
ہم کہاں اپنی متاعِ بندگی لے آئے ہیں

آندھیاں جوہرؔ اندھیروں میں نہ ٹکراتی پھریں
رہ گذر میں ہم چراغِ زندگی لے آئے ہیں

عشق کو آسودۂ دردِ نہاں رہنے دیا
میری حرصِ غم نے ان کو بدگماں رہنے دیا

جانِ افسانہ وہی اقرار یا انکار ہے
تم نے جس کو ہاں نہیں کے درمیاں رہنے دیا

ضبط کی لذت لُٹا دی آبروئے ناز پر
ماجرائے دل کو رسوائے فغاں رہنے دیا

رہروانِ یاس نے کیا جانے کس امید پر
یادِ ماضی کو امیرِ کارواں رہنے دیا

حالِ گلشن سب کہے صیاد نے تفصیل سے
جانے کیوں ظالم نے ذکرِ آشیاں رہنے دیا

۳۸

تشنہ رہ جائے نہ یاروں کی ہنسی کا تذکرہ
میں نے آہوں کو شریکِ داستاں رہنے دیا

کون جانے کیا گذر جاتی زوالِ حسن پر
وہ تو قسمت نے محبت کو جواں رہنے دیا

سب نے روداد غمِ الفت کہی جی کھول کر
سب نے اِس قصّے کو محتاجِ بیاں رہنے دیا

آج پھر جلووں سے الجھی شوخیٔ غم کی نگاہ
آج پھر جوہرؔ نے ان کو سرگراں رہنے دیا

۳۹

میرا منہ مت دیکھو اپنا دل ٹٹولو دوستو
کوئی گوشہ بے تمنا ہو تو بولو دوستو

ہاں دہائی دے رہی ہیں دیر سے رسوائیاں
کیوں دفا سکتے ہیں ہے یہ راز کھولو دوستو

روز کب ہوتا ہے دامانِ حوادث مہرباں
ہو سکے تو آج ہی جی بھر کے رو لو دوستو

ہے ملاقات اور شے حسنِ تعلق اور شے
مجھ کو میزانِ مراسم میں نہ تولو دوستو

منتظر ہے پھر کسوٹی بن کے میری خامشی
امتحاں گاہِ سخن میں کچھ تو بولو دوستو

۴۰

مے نہیں موجِ تبرکِ شیخ کے ساغر میں ہے
آؤ اور پاکیزگی کے داغ دھولو دوستو

رائگاں کیوں جائے ٹپکے ہے جو پانی زلف سے
شوق کی تپتی نگاہوں کو بھگولو دوستو

ہے یہی تو حادثاتِ آرزو کا شاہکار
اک نظر جوہرؔ کی جانب دیکھ تو لو دوستو

۴۱

○

وہی عجزِ بندگی ہے وہی نازِ آستانہ
میں یقین کیسے کرلوں کہ بدل گیا زمانہ

یہ ہمارا حق ہے لوگو یہ ہماری ضد نہیں ہے
جو یہ گلستاں رہے گا تو رہے گا آشیانہ

یہ بہار کا ہے موسم مگر اس کو کیا کہیں ہم
ابھی عندلیبِ گلشن کی نوا ہے باغیانہ

مری عظمتِ وفا سے بھی وہ مطمئن نہیں ہیں
وہی جن کے جورِ پیہم کا ہے معترف زمانہ

مجھے تجرباتِ غم نے یہ ادا سکھائی جوہرؔ
نہ کسی سے دشمنی ہے نہ کسی سے دوستانہ

۴۲

○

عشق پر اُن کا کرم بھی کیا ستم اندازہ تھا
حرفِ تسکیں بھی ہمارے واسطے آوازہ تھا

شوق کے اُس عہدِ زرّیں کو دعائیں دو کہ جب
عشق کا اظہار بھی اک جرمِ بے خمیازہ تھا

اک طرف سارے بتانِ شہرِ کارشی کا سنگار
اک طرف میری نظر اور وہ رُخِ بے غازہ تھا

بے خودی جب تھی تو دل تھا دفترِ صد آرزو
ہوش جب آیا تو اک بکھرا ہوا شیرازہ تھا

۴۳

کوئی دیکھے تو حریفِ غمِ دوراں ہو کر
دل کا ہر زخم ہنسے گا لبِ جاناں ہو کر

ہم تو نازاں تھے بہت جرأت شکوہ پہ مگر
کر گئے سب کو پشیماں وہ پشیماں ہو کر

کون جانے سفرِ شوق کی منزل کیا ہے
زندگی رہ گئی گردِ رہِ ارماں ہو کر

آپ کی بزم میں رہ رہ کے وہ یاد آئے مجھے
بے نشاں ہو گئے جو لوگ نمایاں ہو کر

آؤ آئینۂ تہذیبِ نظر میں دیکھو
زلف نے جلوے بکھیرے ہیں پریشاں ہو کر

۴۴

آبلے پھول کھلاتے ہی چلے جاتے ہیں
کچھ نہ بگڑا چمنستاں کا بیاباں ہو کر

جلوۂ رُخ پہ یہ پرچھائیں ہے کیسی **جوھر**
کوئی کافر نظر آتا ہے مسلماں ہو کر

۴۵

○

مرہم نواز اور پریشان ہو گئے
جب دل کے زخم پیار کے ارمان ہو گئے

دی تھی کسی نے بھیک ہمیں نذر کی طرح
ہم کھا گئے فریب کہ سلطان ہو گئے

مٹی میں کیسے آگ کی فطرت سما گئی
کیا دور ہے کہ آدمی شیطان ہو گئے

منزل کی آبرو سے تھے جو نقش قدم وہی
گمراہئ حیات کی پہچان ہو گئے

اُن کی طرح سے قتل کا فن کار کون ہے
وہ میری جان لے کے مری جان ہو گئے

۴۶

قطرے ٹپک رہے تھے سرِ کوہسار سے
سطحِ زمین پہ آتے ہی طوفان ہو گئے

اللہ رے میرے خون کے دھبوں کی بے بسی
وہ اپنے دامنوں ہی سے انجان ہو گئے

خاموش رہ گئے تھے وہ بس اک سوال پر
پیدا کئی سوالوں کے امکان ہو گئے

تاریخِ دل بدل گئے جوہرؔ وہ حادثے
جو آج باتوں باتوں کے دوران ہو گئے

آوارہ لکیریں (غزلیات) جوہر صدیقی

۴۷

○

آشنا نکلے رہِ غم میں جو انجان ملے
ہم سفر کتنے ہی بچھڑے ہوئے طوفان ملے

کچھ فرشتے نظر آئے کئی شیطان ملے
اِس تجسس میں چلے تھے کوئی انسان ملے

آج غیروں میں ہم آئے ہیں بایں حسنِ خیال
دل کو سمجھانے کا شاید کوئی عنوان ملے

رب کے ملزم کو سمجھتے ہو تم اپنا مجرم
ہم دُعا گو ہیں کہ واعظ تمہیں ایمان ملے

مجھ کو یہ فکر کہ دھڑکن دلِ یزداں کی سنوں
تم کو حسرت کہ تمہیں خُلد کا ایوان ملے

۴۸

ایک ٹھوکر کو سمجھ بیٹھے جنوں کی منزل
راہِ ہستی میں مجھے ایسے بھی نادان ملے

رائیگاں جاتی حضور آپ کی یہ سعیٔ حجاب
وہ تو کہیئے کہ ہمیں دید کے ارمان ملے

یہ بھی ہے قربِ قیامت کی نشانی جوہرؔ
شیخ یوں آج ملے جیسے اک انسان ملے

۴۹

○

الم دے کر مرا ذوقِ الم چھینا گیا مجھ سے
جہاں میں اس طرح میرا بھرم چھینا گیا مجھ سے

وہی بدمست جو کہتے تھے ہے جامِ سفال اچھا
انھیں کی انجمن میں جامِ جم چھینا گیا مجھ سے

کوئی کیا مجھ سے بڑھ کر واقفِ آدابِ محفل ہو
زباں کاٹی گئی میری، قلم چھینا گیا مجھ سے

نشیمن بر طرف خاکِ نشیمن بھی اُڑا ڈالی
کہاں کی زندگی میرا عدم چھینا گیا مجھ سے

اسی پر راہبر کا تھا مدارِ کامرانی کیا
بتاؤ کیوں مرا نقشِ قدم چھینا گیا مجھ سے

۵۰

کریں گے اب کہاں درماندگانِ رہ گذر منزل
نہ تھا کچھ بھی تو کیوں صحنِ حرم چھینا گیا مجھ سے

بظاہر میرے اشکوں سے نہ تھی کچھ ان کو دلچسپی
یہ سرمایہ بھی لیکن بیش و کم چھینا گیا مجھ سے

بلا سے لُٹ گئی دنیا مری لیکن ستم یہ ہے
یہاں سب کچھ بعنوانِ کرم چھینا گیا مجھ سے

میں اُن کے ہر ستم پر مسکراتا ہی رہا جوہر
مگر پھر بھی مرا احساسِ غم چھینا گیا مجھ سے

۵۱

غمِ دل سے غمِ سود و زیاں تک بات آ پہنچی
محبت کا خدا حافظ یہاں تک بات آ پہنچی

یہاں تو ہو رہا تھا رہزنوں کا تذکرہ لیکن
نہ جانے کیوں امیرِ کارواں تک بات آ پہنچی

کوئی کرتا بھی کیا پھر احتسابِ لغزشِ رنداں
کہ آتے آتے خود پیرِ مغاں تک بات آ پہنچی

ہمارے ضبط کو بھی لوگ کہتے ہیں کرم اُن کا
کہاں تک صبر کرتے ہم یہاں تک بات آ پہنچی

خدا ہی جانے کیا بیتے نوا سنجانِ گلشن پر
کہ اب پھولوں سے بڑھ کر باغباں تک بات آ پہنچی

۵۲

تھے اپنی فتح پر نازاں نشیمن پھونکنے والے
خبر کیا تھی بِنائے گلستاں تک بات آ پہنچی

کسے معلوم جوہرؔ اب رُخِ انصاف کیا ہوگا
حقیقت سے چلی تھی اور گماں تک بات آ پہنچی

۵۳

زخمی پھرے ہیں لوگ شبابوں کے شہر میں
کانٹوں پہ چل رہے ہیں گلابوں کے شہر میں

تپتا ہوا سماں ہے سرابوں کے شہر میں
پیاسا ہے ہر سوال جوابوں کے شہر میں

سونپا گیا ہے نالوں کو سازوں کا اہتمام
نغمے سسک رہے ہیں ربابوں کے شہر میں

آنکھیں کھلیں تو اب ہمیں کچھ سوجھتا نہیں
وہ روشنی کی بھیڑ تھی خوابوں کے شہر میں

باقی اُنھیں کے دم سے ہے جام و سبو کی لاج
پیاسے جو پھر رہے ہیں شرابوں کے شہر میں

۵۴

جذبِ نگاہِ شوق کی رُسوائی یوں بھی ہے
جلوے ہیں بے پناہ نقابوں کے شہر میں

ہم سے خود اپنے چہرے نہ پہچانے جائیں گے
ہم لوگ یوں ملیں گے کتابوں کے شہر میں

تصویر اُس کی پھرتی ہے ہر اک نگاہ میں
رہتا ہے ایک شخص حجابوں کے شہر میں

جوہر کی سادہ لوحی ذرا دیکھئے اِنھیں
رحمت کی جستجو ہے عذابوں کے شہر میں

۵۵

○

عوضِ غمِ تمنا دلِ یار چاہتا ہوں
رہ و رسمِ عاجزی میں بھی وقار چاہتا ہوں

شبِ غم جو بزمِ انجم کے حواس کر گئے گُم
اُنھیں بے شمار اشکوں کا شمار چاہتا ہوں

ہے بساطِ رنگ و رامش تمہیں جاں نواز لیکن
میں حیات کا ترانہ سرِ دار چاہتا ہوں

مری چشمِ تر تو دیکھی یہ مذاقِ دل بھی دیکھو
کہ ہجومِ موجِ طوفاں میں قرار چاہتا ہوں

مرے سجدے بھی تو ٹھوکر ہیں تمہاری رہگذر میں
مجھے بے وفا نہ جانو جو فرار چاہتا ہوں

وہی میں ہوں جس نے سلجھا دئے کاکلِ خزاں بھی
مگر اب یہ بے بسی ہے کہ بہار چاہتا ہوں

۵۶

جو بنے تو جامِ تشنہ میں نچوڑ لوں نظر کی
کہ دلِ فسردہ تر میں بھی نکھار چاہتا ہوں

شکنِ جبیں میں رکھ لے جسے جذبِ والہانہ
ترے سنگِ آستاں سے وہ شرار چاہتا ہوں

ہے یہ ڈر کہ محفلِ گل کی فضا بدل نہ جائے
ترے غم میں مسکرانا تو ہزار چاہتا ہوں

مجھے کہکشاں کے دامن پہ حسد نہیں ہے لیکن
جو مرے قدم سے اٹھا وہ غبار چاہتا ہوں

یہ چراغِ دردِ ہجراں کہیں بجھ نہ جائے جوہرؔ
ہے سحر عزیز پھر بھی شب تار چاہتا ہوں

۵۷

ابھی پستیوں کا رونا ابھی آسماں کی باتیں
یہاں ٹھوکروں کے لب پر ہیں کہاں کہاں کی باتیں

کوئی نقشِ پا نہیں ہے سرِ رہ گذار لیکن
ہیں غبار کی زباں پر ابھی کارواں کی باتیں

مری ٹھوکروں نے ذروں کو بھی بخش دی ہیں آنکھیں
کوئی اب ملا کے نظریں کرے کہکشاں کی باتیں

غمِ برق و باد کیا ہے مگر اُف وہ چند تنکے
جو چمن میں کھو رہے ہیں مرے آشیاں کی باتیں

نہ چھپا سکے حقیقت وہ زباں تراش کر بھی
ہیں فسانہ در فسانہ کسی بے زباں کی باتیں

۵۸

مری خامشی نے سب کو نئے حوصلے دئے ہیں
سرِ بزم ہو رہی ہیں مرے امتحاں کی باتیں

جو وقارِ سنگِ در تھے وہی سجدے ننگِ سر میں
یہ بتا کہاں سے چھیڑوں ترے آستاں کی باتیں

۵۹

ساقی کی نگاہوں کا افسانہ کہاں پہنچا
ہاتھوں سے مرے گر کر پیمانہ کہاں پہنچا

اپنی خلشِ دل سے پوچھا ہے کبھی تو نے
اٹھ کر تری محفل سے دیوانہ کہاں پہنچا

زنجیرِ تعین بھی پابند نہ رکھ پائی
اک لغزشِ مستی میں مستانہ کہاں پہنچا

خود شمع تو محفل تک محدود رہی جوہر
اور شمع کی نسبت سے پروانہ کہاں پہنچا

۶۰

بہر جلوہ ہجومِ فتنۂ تازہ نہ تھا پہلے
کہ رخ پر شدتِ احساس کا غازہ نہ تھا پہلے

تری نظروں کے پھرتے ہی پیالہ ہے گراں لب پر
ہماری لغزشوں کو رنجِ خمیازہ نہ تھا پہلے

مرے سوزِ نہاں سے گرم تر ہے حسن کا آنسو
مجھے اس برق حل گشتہ کا اندازہ نہ تھا پہلے

یہ کس کی پردہ دارانہ بلا نوشی کا ساماں ہے
کسی پر بند میخانے کا دروازہ نہ تھا پہلے

۶۱

○

غم لے کے مسرت کا سماں ہم نے بنایا
اشکوں سے ستاروں کا جہاں ہم نے بنایا

بے قدر بنا رکھا تھا اغیار نے جس کو
اس بارِ امانت کو گراں ہم نے بنایا

نظروں میں تو بت خانے کا بت خانہ تھا لیکن
دل دے کے تمھیں رشکِ بتاں ہم نے بنایا

خود تو نہ رہے انجمنِ ناز کے قابل
ہاں تیرے لئے دل کا مکاں ہم نے بنایا

لو آگ لگا بیٹھے ہمارے ہی جگر میں
محفل میں جنھیں شعلہ بیاں ہم نے بنایا

۶۲

گفتار کا میدان تمہارا سہی لیکن
الفاظ کو شایانِ زباں ہم نے بنایا

آداب نئے ہم نے دئے راہ روی کو
ٹھوکر کو بھی اک سنگِ نشاں ہم نے بنایا

بے کیفیٔ محفل میں بھی یہ شوخیٔ مستی
دل ٹوٹا تو اک رطلِ گراں ہم نے بنایا

ہونٹوں پہ لگی مُہر تو نیرنگ نظر سے
اک معرکۂ لفظ و بیاں ہم نے بنایا

اُس نے ہی بھرا زہر سے پیمانہ ہمارا
جوہر وہ جسے پیرِ مغاں ہم نے بنایا

۶۳

ہے چمن اک نگہِ برق و شرر ہونے تک
دیکھئے کیا ہو کلی کے گلِ تر ہونے تک

کس سے پوچھیں گے وہ عالم مری بیتابی کا
ڈوب جائیں گے ستارے بھی سحر ہونے تک

جنبشِ پردہ سے پیدا ہوئیں لہریں کیا کیا
جذبۂ دل کے گنہگارِ نظر ہونے تک

اے غمِ دوست تری ہم سفری کی سوگند
منزلیں گذری ہیں اک گام سفر ہونے تک

اتنا دشوار نہ تھا مرحلۂ وحشتِ دل
سایۂ زلف میں اک لمحہ بسر ہونے تک

۶۴

ان کے دامن پہ بھی حرمتِ غم تھے لیکن
اشک پانی ہوئے دامن مرا تر ہونے تک

کوئی کانٹا کسی دامن سے نہ الجھائے دوست
تیرے دیوانے کا صحرا میں گذر ہونے تک

آج تک داغِ دل لالۂ گیتی نہ گیا
جانے کیا گذری ہے مٹی پہ بشر ہونے تک

شمعِ محفل کا دھواں ڈھونڈے ہے اُنکو جوہر
کاش پروانے ٹھہر سکتے سحر ہونے تک

۶۵

شبنم سے غم آرائی پھولوں نے ہنسی سیکھی
ہر صاحبِ ہمت سے اک طرزِ خودی سیکھی

جذبِ غمِ الفت کی یہ کج اثری توبہ
ظالم نے وفاؤں سے پیماں شکنی سیکھی

ہے درد مسلسل اور احساس نہیں ہوتا
ناکامیٔ پیہم سے وہ زندہ دلی سیکھی

یہ لذتِ غم کا ہے اعجاز کہ جوہرؔ نے
دل توڑنے والوں سے آئینہ گری سیکھی

۶۶

طعنہ مقصد سہی، لہجہ تو سنوارا جائے
کیوں مجھے اتنی محبّت سے پکارا جائے

رائگاں ہو لبِ محبوب کی سُرخی بھی تو کیا
رُوپ کچھ تو غمِ دَوراں کا نکھارا جائے

ہے جنوں سے بھی کہیں شورشِ گیسُو بڑھ کر
لوگ حیران ہیں پتھر کسے مارا جائے

تابشیں لے کے تری بزم سے یوں نکلا ہوں
ٹوٹ کر جیسے فلک سے کوئی تارا جائے

طرح اندازِ خزاں ہے وہی لمحہ جوھر
پھُول کے سائے میں جو لمحہ گذارا جائے

۶۷

خونِ اربابِ وفا کا بانکپن یوں بھی سہی
کوچۂ قاتل کے ذروں میں کرن یوں بھی سہی

سہل تر ہو جس کے آگے جادۂ فکرِ حیات
کاکلِ پُر پیچ میں کوئی شکن یوں بھی سہی

ہر نظر آگے بڑھے کانٹوں کا دامن چوم کر
ہو کوئی ہمراہ تو سیرِ چمن یوں بھی سہی

مَل دیا دل کا لہو تیرے لب و رخسار پر
ہاں مری نظروں کا اک دیوانہ پن یوں بھی سہی

جیسے تابِ رُخ میں شمعوں کے اُجالے کھو گئے
رونقِ ارماں شریکِ انجمن یوں بھی سہی

۶۸

اپنی صبحوں سے سجادیں زلف کی تصویر کو
آج یارو اہتمامِ فکر و فن یوں بھی سہی

اُس کے ہی نقشِ قدم ہیں میرے نقشِ پا کیتھا
کیا بُرا ہے اک ادائے حسنِ ظن یوں بھی سہی

اپنے سر لے لیجئے بیگانگی کی تہمتیں
ہو سکے تو خدمتِ دار و رسن یوں بھی سہی

پارسائی کا دیا واعظ ستہِ داماں رہے
میکدے میں احتیاطِ پیرہن یوں بھی سہی

کہہ گئے سب کچھ مگر جوہرؔ کہا کچھ بھی نہیں
بزم میں اک شخص کا طرزِ سخن یوں بھی سہی

۷۹

جو ضمیرِ غمِ ہستی کے اجالے ہوں گے
وہ یقیناً تری محفل سے نکالے ہوں گے

روحِ رودادِ وفا نقش نہ ہو پائے گی
ذہنِ یاراں کے ورق مفت میں کالے ہوں گے

بے رُخی کرنہ سکی خون جن ارمانوں کا
کتنی آفاتِ دل وجاں کے وہ پالے ہوں گے

منزلِ گل جنسِ کاکل میں چھپی ہوگی مگر
منزلِ خار مرے پاؤں کے چھالے ہوں گے

از رہِ حسنِ طلب ہیں یہ مغاں کے چرچے
ہاتھ میں یاروں کے خالی ہی پیالے ہوں گے

۷۰

بات جب حرمتِ بیداد تک آئی ہو گی
غم کے افسانے تبسم نے سنبھالے ہوں گے

کوئی میرے لئے غیروں سے تکلف نہ کرے
بزم میں اور کئی دیکھنے والے ہوں گے

توبہ ہے سربہ گریباں کہ سرِ میخانہ
کتنے عمامے بہاروں نے اچھالے ہوں گے

عشق کی ایک ادا حسن کے صدہا انداز
ہم انوکھے تو نہیں آپ نرالے ہوں گے

ہوش آنے دو ذرا اہلِ خرد کو جوھر
جتنے غم ہیں غمِ جاناں کے حوالے ہوں گے

۷۱

کسی نے ایک جفائے کرم نما کرکے
ڈبو دیا مجھے ساحل سے آشنا کرکے

غبارِ راہ کو مغرورِ ارتقا کرکے
گیا ہے کون زمیں کو فلک نما کرکے

امیدِ جشنِ چراغاں بھی چھن گئی ہم سے
کہیں کے ہم نہ رہے برق کو خفا کرکے

یہ وقت ہے کہ جفاؤں کو مرحبا کہئے
ہمیشہ کام نکلتا نہیں گلہ کرکے

بڑے سلیقے سے بدنام کردیا تم کو
ہمارا ذکر رقیبوں نے جابجا کرکے

اذان صبح سے ٹوٹا غموں کا سناٹا
"گذر گئی شبِ ہجراں خدا خدا کر کے"

مرے رفیق، یہ تحسین ناشناس کہیں
تجھے نہ چھوڑ دے آوارۂ انا کر کے

شروع کب ہو نہ جانے نزاکتوں کا سفر
میں دل کو بیٹھا ہوں شایانِ نقشِ پا کر کے

تم ان سے کرنے ہو کیا ذکرِ زندگی جوہر
جو سانس روک لیں اندیشۂ فنا کر کے

۷۳

○

طے پا سکی نہ سایۂ گیسو کی حد ہنوز
شرمندۂ جنوں ہے مزاجِ خرد ہنوز

کب سے ملی ہے مجھ سے نگاہِ صنم مگر
ہے برہمن کو حوصلۂ ردّ و کد ہنوز

اب تو اُنھیں بھی تابِ تبسّم نہیں رہی
عرضِ غمِ حیات ہے کیوں مسترد ہنوز

کیسے بتائے پھولوں کو یہ بے زبان اُدس
پڑتی ہے قہقہوں پہ اُداسی کی زد ہنوز

مجھ کو تو گھر لُٹائے زمانہ ہوا مگر
دنیا لٹا رہی ہے متاعِ حسد ہنوز

۷۴

نذرِ ستم تبسمِ شکرانہ کیا کروں
بیتابیاں ہیں حسنِ وفا کی سند ہنوز

جوہرؔ سنبھل کے بات کرو بزمِ دوست میں
اخلاص کی زبان ہے نامستند ہنوز

۷۵

اب یہ سوچا ہے کہ امیدوں کا دامن چھوڑ دوں
دل نے جتنے بت بنا رکھے ہیں سب کو توڑ دوں

دل کی مرضی کے خلاف اور اذن ساقی کے بغیر
جس میں زہرابِ تمنا ہو وہ ساغر چھوڑ دوں

کیا سہی جائیں جنوں سے پیروی کی تہمتیں
جس پہ دنیا جا رہی ہے میں وہ رستہ چھوڑ دوں

مسکرا کر دیکھ لو ویرانیٔ دل کی طرف
دامنِ گلشن سے پھر دامانِ صحرا جوڑ دوں

میرا غم شاید تمہارے دل میں راحت پا سکے
تم اجازت دو تو میں حالات کا رُخ موڑ دوں

تو نے بھی لوٹا تو پیمانِ وفا کے نام پر
جی میں آتا ہے کہ تیری بھی تمنا چھوڑ دوں

۷۶

○

سوزِ دل پیش کروں داغِ جگر پیش کروں
آ تجھے تیرے ہی شہکارِ نظر پیش کروں

زلف کو نذر کروں ہجر کی راتوں کا فسوں
اور عارض کو امیدوں کی سحر پیش کروں

لاج رہ جائے ترے بخشے ہوئے درد کی آج
چند آنسو ترے دامن کو اگر پیش کروں

ہو اجازت تو ترے نازِ تغافل کے حضور
اجنبی سا کوئی اندازِ نظر پیش کروں

مجھ سے ہر کانٹے نے ہنس کر یہی پوچھا جوہر
تجھ کو پھولوں سے بھری راہگذر پیش کروں

○

اب کہاں باقی رہا وہ کج کُلاہی کا چلن
زندگی نے خود ہی لوٹا زندگی کا بانکپن

ترجمانِ خونِ دل پھر بن گیا رنگِ چمن
سینۂ لالہ میں پھر تازہ ہوا داغِ کہن

عشق کی حد میں تو ہے دیوانگی بھی عینِ ہوش
عقل کی حد سے بڑھی جو بات ہے دیوانہ پن

عشق کا سامانِ تسکیں سوزِ دل، دردِ جگر
عقل کا معیارِ الفت جانِ من، جانانِ من

عقل کا زورِ تجسس ہو گیا موجوں میں گُم
عشق کا صرف ایک آنسو غیرتِ گنگ و جمن

۷۸

اتفاقاً مالکِ دار و رسن تم ہو مگر
میری مرہونِ کرم ہے عظمتِ دار و رسن

اے غمِ ہستی جو ممکن ہو تو لا اس کا جواب
یہ خمِ گیسو نہیں، ہے میرے ماتھے کی شکن

وقت نے سلجھا دیا جوشِ جنوں کا بھی دماغ
ہائے وہ گیسو جو ہے اب بھی شکن اندر شکن

کھو گئے جوہرؔ کے آنسو خندۂ احباب میں
رسم ہے شبنم کو کھا جاتی ہے سورج کی کرن

۷۹

وہ وطن نہیں ہے میرا وہ چمن نہیں ہے میرا
جہاں شاخِ زندگی پر رہے موت کا بسیرا

یہ نظر نظر کی جرأت یہ نفس نفس کا طوفان
یہی زندگی اجالا یہی زندگی اندھیرا

تری صبحِ رنگ و مستی کی نہ آئے شام لیکن
مری شامِ غم کے دامن میں سمٹ گیا سویرا

کئی حشر ہم پہ گذرے تری ایک جستجو میں
کہیں دَیر نے پکارا تو کہیں حرم نے گھیرا

تو حریمِ ماہ و انجم سے نکل کے دیکھ بھی لے
یہ شبِ الم ہے میری کہ ہے شاہکار تیرا

مرے باغباں کی آنکھوں میں بھی تلخیاں ہیں جوہر
یہ دھواں ہے آشیاں کا کہ چمن میں ہے ندھیرا

آوارہ لکیریں (غزلیات) جوہر صدیقی

○

کیا تجھ کو بتائیں کیا کیا ہم اے فتنۂ دوراں دیکھ چکے
تنظیمِ گلستاں دیکھیں گے تقسیمِ گلستاں دیکھ چکے

اپنے ہی تبسم پر آخر پھولوں کو پشیماں دیکھ چکے
اب دیکھیں خزاں کے تیور بھی اندازِ بہاراں دیکھ چکے

احباب ہمارے سمجھے ہیں مفہوم یہی بیداری کا
آرام کی نیند اب سوئیں گے بس خوابِ پریشاں دیکھ چکے

اے کاش کبھی مالی نے بھی اک شمع فروزاں کی ہوتی
گلشن میں طفیلِ برق تو ہم سو بار چراغاں دیکھ چکے

ملاح کی کمزوری کے سوا طوفان کی طاقت کچھ بھی نہیں
اڑ جاؤ تو کترا جاتا ہے ہم ہمتِ طوفاں دیکھ چکے

اشکوں کی تسلی کو جوہرؔ بے مہرئ داماں بھی ہے بہت
اُن اشکوں پہ رونا آتا ہے جو منتِ داماں دیکھ چکے

۸۱

○

جب بھی تہذیبِ جنوں کے ساتھ دیوانہ چلا
پیچھے پیچھے سایۂ گیسوئے جانانہ چلا

التفاتِ ناز کا موقع تو آیا تھا مگر
ہاتھ سے پتھر بھی اُن کے بے نیازانہ چلا

شمعِ محفل بے زباں ہے ورنہ کھل جاتا بھرم
کیا کہیں کس رنگ میں یاروں کا افسانہ چلا

رنگ و بو کو پاؤں چھونے کی تمنا رہ گئی
میرے قدموں سے لپٹ کر یوں بھی ویرانہ چلا

اعتبارِ جلوۂ منزل ہے اُس کا نقشِ پا
جوہر اک نقشِ قدم سے ہو کے بیگانہ چلا

۸۲

منتظر ہیں لوگ لیکن چشمِ ساقی کی قسم
میں تو اک ساغر میں پی کر سارا میخانہ چلا

ہم تو دو دن ساتھ بھی تھے ورنہ اے جوہرؔ یہاں
سنگ اور شیشے میں کتنی دیر یارانہ چلا

۸۳

لو امتحانِ تلخیٔ حالات ہوگیا
ذوقِ بہشت نذرِ خرابات ہوگیا

جس در پہ ایک بار ہوا تھا گزر مرا
سنتا ہوں اب وہ قبلۂ حاجات ہوگیا

میری نظر پہ آئیں گی کیا کیا نہ تہمتیں
جلوہ اگر حریفِ حجابات ہوگیا

واعظ مئے جناں سہی لیکن بنامِ مے
عالم شریکِ بزمِ مناجات ہوگیا

اے پردہ آشنا تجھے اس کی خبر بھی ہے
بدنام کتنا حسنِ خیالات ہوگیا

۸۴

مجھ سے نہیں خود اپنی نگاہوں سے پوچھئے
کیا حادثہ بنامِ ملاقات ہو گیا

جوہرؔ غمِ جنوں کی طرب گستری نہ پوچھ
نالہ ہمارا خالقِ نغمات ہو گیا

۸۵

○

لوٹ لے کوئی تو بستی ورنہ ویرانہ ہے دل
جتنا پیاسا اتنا ہی آباد میخانہ ہے دل

فیصلہ کر لو مرا طرزِ تبسم دیکھ کر
کاروبارِ غم میں ناداں ہے کہ فرزانہ ہے دل

عشرتِ ارماں نہیں تو خونِ ارماں ہی سہی
جو نہیں رہتا کبھی خالی وہ پیمانہ ہے دل

چاہتا ہے رقصِ جلوہ اپنے سازِ شوق پر
اُن کا دیوانہ نہیں خود اپنا دیوانہ ہے دل

جس سے کرنیں پھوٹتی رہتی ہیں نازِ حسن کی
سادگیٔ عشق کا وہ آئنہ خانہ ہے دل

۸۶

تم نہیں سمجھے تو غیروں کی قسم اچھا ہوا
کیوں بھری محفل میں آخر تم سے بیگانہ ہے دل

حسن والو، کچھ تو پاسِ آبروئے غم کرو
مجھ کو محفل میں نہ ڈھونڈو میرا کاشانہ ہے دل

ہے کبھی وہ شمع جس کا کوئی پروانہ نہیں
اور کبھی شمعِ فسردہ کا بھی پروانہ ہے دل

چشمِ ساقی سے ڈھلے جو ھر تو پھر ہے اور بات
ورنہ میخانہ سما جائے وہ پیمانہ ہے دل

۸۷

○

باتوں باتوں میں وہ اِس طرح سے روٹھا ہے کہ بس
دل پہ وہ یورشِ آلامِ تمنّا ہے کہ بس

ذکرِ تر دامنیٔ دوست ہے ہر محفل میں
غم کا پیمانہ اس انداز سے چھلکا ہے کہ بس

تلخیٔ درد بھی شامل تھی ہنسی میں لیکن
حوصلہ یوں غمِ حالات کا ٹوٹا ہے کہ بس

نازِ محرومیٔ غم، خونِ طاابِ شکرِ ستم
یوں محبت نے مرے دل کو سجایا ہے کہ بس

نارسائی پہ یہ عالم ہے مری آہوں کا
نگہِ حسنِ تغافل کا اشارہ ہے کہ بس

۸۸

ٹھوکریں بھی جہاں کل ہم کو دکھاتی تھیں چراغ
آج اُن راہوں میں اس درجہ اندھیرا ہے کہ بس

ہم تو کیا آج قیامت بھی ہے افسُردہ نگاہ
سامنے فتنۂ دوراں کا وہ نقشہ ہے کہ بس

میرِ میخانہ سمجھنے لگے مے نوش مجھے
میں نے یوں توبہ کو شیشے میں اتارا ہے کہ بس

ڈگمگانے لگا ہمت کا سفینہ جوہرؔ
ایسا طوفان کنارے ہی پہ اٹھا ہے کہ بس

۸۹

○

عروجِ ناز کا خاکِ قدم سے واسطہ کیا ہے
ہمارے آپ سب کچھ پھر بھی ہم سے واسطہ کیا ہے

نہ جانے کتنے آنسو میں نے اس غم میں گنوائے ہیں
ترے دامن کا میری چشمِ نم سے واسطہ کیا ہے

اگر نشتر زنی مقصد نہیں اس مہربانی کا
تو پھر سرکار تم کو میرے غم سے واسطہ کیا ہے

نظر سے صفحۂ دل پر لکھا کرتا ہوں افسانہ
مرا سرمایۂ لوح و قلم سے واسطہ کیا ہے

لحاظِ عہد و پیماں تو بلائے جانِ الفت ہے
بھلا اُن کا کسی قول و قسم سے واسطہ کیا ہے

۹۰

سُلگ اٹھے ہیں پیمانے بنامِ نیّتِ سَاقی
وگرنہ ہم کو فکرِ بیش و کم سے واسطہ کیا ہے

ابھی سجدے ستم کی آبرو کے کام آتے ہیں
مرے سر کا ابھی بابِ کرم سے واسطہ کیا ہے

یہی دو رُخ تو ہیں میرے مقدر کی سیاہی کے
نہ پوچھو گیسوؤں کا شامِ غم سے واسطہ کیا ہے

سرِ راہِ طلب دو نقش پا اکٗ ساتھ ہیں جوھر
پر اب اُن کا کسی نقش قدم سے واسطہ کیا ہے

ہے آشنائے توجہ ترا تمنائی
کہاں سے تیرے تغافل نے یہ ادا پائی

بدل دیا ہے ترے غم نے اس قدر مجھ کو
کسی کو ہنستے جو دیکھا تو آنکھ بھر آئی

بغیرِ دل ہیں نقوشِ جمال بے معنی
کوئی ہزار کرے اہتمامِ رعنائی

جو بدنصیب ترے غم میں مسکرا نہ سکا
غمِ حیات میں اس نے کہاں اماں پائی

کوئی بھی میرے سفینے کا ساتھ دے نہ سکا
اٹھے تھے کتنے ہی طوفان لے کے انگڑائی

۹۲

اب آگے بات ترے حسنِ انتخاب کی ہے
تری نظر کا تو ہے اک جہاں تمنائی

قریب آئے نہ منزل کہ ہم سے اے جوہرؔ
نہ دیکھی جائے گی ذوقِ سفر کی رسوائی

۹۳

○

یہ رنگِ بزم یوں ہی رہے دیکھنا تو ہے
دیوانہ تیرا بزم سے تیری اٹھا تو ہے

کانٹا حریفِ خندۂ گلزار ہی سہی
لیکن شریکِ جشنِ بہاراں ہوا تو ہے

اے دل یہ التزامِ جرس بے سبب نہیں
ان دھڑکنوں کے ساتھ کوئی قافلہ تو ہے

کیا ہے پسِ حجاب کسے یہ خبر مگر
اہلِ نظر میں ایک قیامت بپا تو ہے

کیا جانے کیا ہو حشرِ خرابات دیکھئے
ساقی حریفِ لغزشِ رنداں ہوا تو ہے

۹۴

خورشید کی ضیا ہو کہ ہو روشنیٔ برق
کچھ ہو مگر چمن میں سویرا ہوا تو ہے

وارفتگیٔ شوق کا انجام ہو بخیر
جوہرؔ جنوں کو سایۂ گیسو ملا تو ہے

۹۵

○

الجھے ہوئے دن کھوئی ہوئی رات نہ ہوتی
اے کاش مری تم سے ملاقات نہ ہوتی

آدابِ وفا کا جو میں پابند نہ ہوتا
واللہ کہ یہ صورتِ حالات نہ ہوتی

تم غم کا لب و لہجہ سمجھ ہی نہیں پائے
ورنہ کبھی اس درجہ بڑھی بات نہ ہوتی

دل کھول کے تاروں سے میں کہتا تھا کہانی
ہوتی بڑی رُسوائی اگر رات نہ ہوتی

سب کچھ میں سمجھ بیٹھا تری یاد کو ورنہ
اُجڑی ہوئی فردوسِ خیالات نہ ہوتی

۹۶

دراصل خطا ہے یہ مرے ذوقِ نظر کی
ورنہ تمھیں تکلیفِ حجابات نہ ہوتی

تجھ سے غمِ دوراں ہی بھلا اے غمِ جاناں
اس طرح تو بربادئ جذبات نہ ہوتی

کم ظرف بھی آ نکلے ہیں میخانے کی جانب
اس سے تو یہ اچھا تھا کہ برسات نہ ہوتی

دل غم سے ہے بیزار مگر یہ جو نہ ہوتا
جوہرؔ کبھی تکمیلِ کمالات نہ ہوتی

۹۷

○

ہے کتنا حسیں وعدۂ جانانہ یہ دیکھو
بے شمع ہے روشن مرا غم خانہ یہ دیکھو

تعزیرِ عمل کا تو ہے اک روز معین
ہے کتنی حسیں لغزشِ مستانہ یہ دیکھو

کس موڑ پہ آ پہنچی ہے جلنے کی حکایت
ہے شمع میں کیفیّتِ پروانہ یہ دیکھو

جنّت کے تصور میں ہیں کھوئے ہوئے واعظ
کیا کر گئی اک شوخیٔ رندانہ یہ دیکھو

جی بھر کے بھی میں نے تمہیں دیکھا ہے کئی بار
اس پر بھی ہے مچلا دلِ دیوانہ یہ دیکھو

۹۸

تم مجھ سے نہ ملتے تو کوئی بات نہیں تھی
دنیا نے بنا ڈالا اک افسانہ یہ دیکھو

کیا گذری مری آبلہ پائی پہ یہ چھوڑو
گلزار یہ اب ہنستا ہے ویرانہ یہ دیکھو

کیوں بند ہو زاہد یہ درِ توبہ نہیں ہے
تم پر بھی کھُلا ہے درِ میخانہ یہ دیکھو

جوھر کا بیاں شیخ کے پاکیزہ لبوں پر
لٹتی ہے کہاں حرمتِ رندانہ یہ دیکھو

۹۹

ہمارا حال کیوں آکر ہمارے درمیاں دیکھیں
کتابوں ہی میں وہ اپنے ستم کی داستاں دیکھیں

یہی شرطِ نظارہ ہے تو پھر کیا گلستاں دیکھیں
کہ غنچوں کو لہو دیں اور نگاہِ باغباں دیکھیں

وہیں آرائشِ گیتی کی شاید ابتدا ہوگی
کہاں دم توڑتی ہے آرزوئے آسماں دیکھیں

بلائیں لیکے رہ جائیں گے میرے جوشِ وحشت کی
کسی دن آپ لیکر پتھروں کا امتحاں دیکھیں

قصورِ آدابِ محفل کا ہے یا جذبوں کی گمراہی
تمہاری انجمن میں کیوں بگڑتی ہے زباں دیکھیں

۱۰۰

بلائے بیکسی لائی ہے ان کے شہر میں ہم کو
جو طرزِ نالہ پہچانیں نہ تہذیبِ فغاں دیکھیں

سلیقہ تھا نہ سجدے کا اسی باعث تو سر پھوٹا
نسا نہ مختصر اب کیا سلوکِ آستاں دیکھیں

دُکانیں تیری تصویروں سے ہیں آراستہ پھر بھی
ترے چہرے پہ ہم کب تک حجابِ رائگاں دیکھیں

بہر صورت تماشا دیکھ لیں جلتے ہوئے گھر کا
نہ شعلہ جن سے دیکھا جائے جوہرؔ وہ دھواں دیکھیں

رہِ بیداد میں شاید یونہی شمعیں جلاتے ہیں
مرے آنسو بھی جوہرؔ ظالموں کے کام آتے ہیں

متاعِ دردِ جاں بازارِ عشرت میں لٹاتے ہیں
زمانہ مسکرائے اس لئے ہم مسکراتے ہیں

نہیں سنتا ہمارا غم سمجھ کر کوئی لیکن ہم
زمانے سے حکایاتِ زمانہ کہتے جاتے ہیں

ذرا دیکھیں فسونِ ظلمتِ گیسو کہاں تک ہے
چلو ہم آج ارمانِ سحر سے باز آتے ہیں

لبِ غم، آشنا محسوس ہوتا ہے تبسم سے
جب ان کی انجمن میں ہم سوالِ غم اٹھاتے ہیں

۱۰۲

سجالے اپنا دامن اشکِ الفت دیکھنے والے
ستاروں کا بھروسا کیا ستارے ٹوٹ جاتے ہیں

وہ سادہ لوح ہیں کیسے وہ سادہ لوح ہیں کتنے
جو بازارِ ہوس میں پیار کا سکہ چلاتے ہیں

وہ غم خانہ گذاری تھیں جہاں تنہائیاں میں نے
سنا ہے اس کے بام و در ابھی تک مسکراتے ہیں

ملا کرتی ہے جوہرؔ دادِ تکمیلِ جنوں یوں بھی
مری رسوائیوں کا لطف دیوانے اٹھاتے ہیں

۱۰۳

○

ہم ہیں بے راہ تو کیا راہ نما تم بھی نہیں
قافلے کے لئے پیغامِ درا تم بھی نہیں

جن پہ تھا صحنِ گلستاں میں چراغاں کا مدار
اُن خزاں سوز چراغوں کی ضیا تم بھی نہیں

تم ہمیں خارِ گلستاں ہی سمجھ لو لیکن
عندلیبوں کی دُعاؤں کا صلہ تم بھی نہیں

حق ہمارا نہ سہی نظمِ چمن میں لیکن
آشیانے کے مقدر کے خدا تم بھی نہیں

بے وفا کہہ کے ہمیں آج سکوں پاتے ہو
وقت بتلائے گا آگاہِ وفا تم بھی نہیں

۱۰۴

اہرمن کی ہے نوازش نہ ہے یزداں کا کرم
آج کل عام ہے انساں پہ انساں کا کرم

صبحِ خنداں کا کرم شامِ چراغاں کا کرم
اہلِ غم پر نہیں کس صاحبِ احساں کا کرم

اب تو ساغر میں کبھی بجلی سی چمک جاتی ہے
میکدے پر ہے یہی ابرِ بہاراں کا کرم

دیر فیضانِ برہمن سے ہے رسوائے جہاں
اور حرم پر ہے خدا رکھے مسلماں کا کرم

۱۰۵

○

رازِ اشکوں کا چھپاؤں تو چھپا بھی نہ سکوں
اور جلتے ہوئے دامن کو بچا بھی نہ سکوں

جانے کیا غیر کی محفل میں ہے سامانِ نشاط
دل و جاں دے کے جو تیرے لئے لا بھی نہ سکوں

اے مرے عزمِ سفر کیا تجھے موت آئی ہے
شہرِ قاتل میں نہ رہ پاؤں تو جا بھی نہ سکوں

شوقِ بیباک نے سوچا نہ تھا سجدوں کا مآل
غیرتِ وضع سے اب سر کو اٹھا بھی نہ سکوں

تیری بخشش کا یہ انداز ہے کیا اے ساقی
بے پیئے بھی نہ بنے جام اٹھا بھی نہ سکوں

۱۰۶

دستِ محبوب پہ بھی رنگِ حنا بارہوا
خاک میں خونِ تمنّا کو ملا بھی نہ سکوں

کہنا خاموشئ صحرا سے یہ جوہر کا پیام
ایسا مجبور نہیں ہوں کہ پھر آ بھی نہ سکوں

۱۰۷

کناروں پر بھی غم کی موج نے پیچھا نہیں چھوڑا
مری کشتی کو طوفاں نے کہیں تنہا نہیں چھوڑا

شراب اور زہر میں ہم فرق کر سکتے تو تھے لیکن
دیا جو آپ نے ہم نے وہ پیمانہ نہیں چھوڑا

تعلق ٹوٹ جانے پر بھی یہ حسنِ تعلق ہے
تری یادوں نے میرے دل کو آوارہ نہیں چھوڑا

سہارا ڈوبنے والے کو مل جاتا تو کیا ہوتا
خدا کا شکر ہے تم نے کوئی تنکا نہیں چھوڑا

خود اپنی جستجو میں یہ مری دیوانگی دیکھو
کوئی بستی نہیں چھوڑی کوئی صحرا نہیں چھوڑا

۱۰۸

نہ دامانِ ستم چھوٹے تمہارے دستِ نازک سے
تمہیں کیا ہم نے دامانِ وفا چھوڑا نہیں چھوڑا

مرے حصے کی پیمانے سے چھلکی بھی نہیں جو تھو
مگر ساقی کا دعویٰ ہے مجھے پیاسا نہیں چھوڑا

۱۰۹

○

ہم اپنی بے قراری کو چھپا لیتے تو کیا ہوتا
سرِ محفل وہ اپنا سر جھکا لیتے تو کیا ہوتا

قیامت کیلئے ہے اذنِ فتنہ ہر شکن جس کی
نگاہیں اُس جبیں سے ہم ہٹا لیتے تو کیا ہوتا

جہاں کانٹے ترس جاتے ہیں دامن گیر ہونے کو
جو ہم اُس راہ میں دامن بچا لیتے تو کیا ہوتا

کیا خانہ خراب درد یاروں کی دعاؤں نے
خدا جانے جو غیروں کی دُعا لیتے تو کیا ہوتا

تبسم کے ارادے ہی سے جب آنکھیں بھر آئی ہیں
برائے نام بھی ہم مسکرا لیتے تو کیا ہوتا

۱۱۰

جہاں رسمِ سیاست نے ہوس کے بیج بوئے ہیں
وہاں ہم عشق کے غنچے اُگا لیتے تو کیا ہوتا

جوابِ لغزشِ رنداں تو کیا ہوتا مگر پھر بھی
جنابِ شیخ دم بھر لڑکھڑا لیتے تو کیا ہوتا

یوں ہی اک یورشِ ادراکِ جلوہ ہے بہر لمحہ
دلِ ناداں کو ہم دانا بنا لیتے تو کیا ہوتا

جہاں اشکوں پہ جوہرؔ قہقہے تعمیر ہوتے ہیں
وہاں ہم بھی اگر آنسو بہا لیتے تو کیا ہوتا

۱۱۱

○

فقط اسی کے لئے زمانہ حقیقتاً سازگار ہوگا
قدم قدم پر جو زندگی میں حریف لیل و نہار ہوگا

کبھی وہ منزل بھی آئے گی جب بگولا ہوگا غبار ہوگا
وہ قافلہ جو کہ رہبروں کے کرم کا امیدوار ہوگا

نظامِ نو کا نظامِ نو ہی خود ایک دن سوگوار ہوگا
کسے خبر تھی کہ یوں بھی برہم مزاجِ لیل و نہار ہوگا

خزاں کے جانے پہ بس نظر تھی کسی کو اس کی کہاں خبر تھی
بہار کے بعد بھی گلستاں میں انتظارِ بہار ہوگا

یہی سمجھتے تھے غنچہ و گل کہ اہلِ گلشن کا ہے گلشن
خبر نہ تھی باغباں کسی دن بہ شکلِ پروردگار ہوگا

۱۱۲

نہ باغباں خون دیگا اپنا تو کیسے گلشن میں کھل سکیں گے
وہ پھول جن پر چمن کی شادابیوں کا دارو مدار ہوگا

قدم قدم پر جہاں ہزاروں قیامتیں سر اٹھا رہی ہوں
جنابِ جوہرؔ بھلا وہاں کیا شمار بر روزِ شمار ہوگا

ان کی آنکھیں ہیں بھیگی بھیگی سی
آج ہے کس کا امتحاں معلوم

ایک آندھی سی ہے گلستاں میں
شورشِ خاکِ آشیاں معلوم

زلفِ شبگوں پہ چند قطرۂ آب
اے تب و تابِ کہکشاں معلوم

۱۱۴

○

سوچتا ہوں جو کوئی آبلہ پا ہوتا ہے
کتنے کانٹوں کی محبت کا صِلہ ہوتا ہے

اے محبت ترا آئین بھی کیا ہوتا ہے
غم کا احساس بھی خود غم کا گِلہ ہوتا ہے

ننگِ غم ننگِ ستم ننگِ وفا ہوتا ہے
ہائے وہ عشق جو مرہونِ دعا ہوتا ہے

حشر بن جاتی ہے جب سینۂ گل کی دھڑکن
تب کہیں جا کے کوئی اہلِ نوا ہوتا ہے

ہائے جوہرؔ کا یہ اندازِ جنوں کیا کہئے
دل تڑپتا ہے تو یہ نغمہ سرا ہوتا ہے

۱۱۵

ہے عشق میں نیرنگیٔ تسلیم و رضا اور
کرتا ہوں اگر شکر تو سمجھے ہے گلہ اور

رندوں کی نوا اور ہے ساقی کی نوا اور
یارب سرِ میخانہ کوئی مست گھٹا اور

افسانۂ غم اتنا تو دلچسپ نہیں تھا
جب میں نے کیا ختم تو ظالم نے کہا اور

دل حیلۂ انکارِ جنوں ڈھونڈ رہا ہے
ہاں میرے لئے کچھ شکنِ زلفِ دوتا اور

جب صبر کا یارا ہے تو پھر غم کا مزہ کیا
غم ہی مری قسمت ہے تو اے میرے خدا اور

منزل ہے ذرا دور ابھی کیفِ بلا کی
اے رندِ خوش انجام کوئی لغزشِ پا اور

۱۱۶

ہے کچھ تو سبب کشمکشِ شوق کا آخر
تم نے ہی کہا اور کہ میں نے ہی سُنا اور

دل محویتِ غم میں ہوا صبح فراموش
اے شیخِ حرم آج مؤذن کی صدا اور

یارب مری نیت کی خبر تجھ کو تو ہوگی
میں یہ نہیں کہتا کہ فرشتوں نے لکھا اور

کیا جانے کہاں ختم ہوا شکوں کی کہانی
پھر ان کے تبسّم سے اک افسانہ چھڑا اور

محرومِ محبت اسے کیا سمجھے گا جوہر
گلشن کی ہوا اور ہے دامن کی ہوا اور

۱۱۷

○

شکایتِ غمِ ہجراں اس اہتمام کے ساتھ
کہ دل خموش ہوا ہے کسی کے نام کے ساتھ

قصور تھا لب ولہجہ کا ورنہ اے ساقی
کہاں تھا مے کا تقاضا مرے سلام کے ساتھ

مسرتوں نے جو چھیڑا تو آنکھ بھر آئی
ہنسی بھی آئی مجھے غم کے احترام کے ساتھ

ضرور گردشِ دوراں کی سانس رُک جاتی
تمھارا رقص بھی ہوتا جو رقصِ جام کے ساتھ

اُسی کا ہم سفرِ شوق کر دیا مجھکو
زمانہ چل نہ سکا جس سبک خرام کے ساتھ

۱۱۸

نظارہ یوں ہو کہ نظروں کی تشنگی نہ بجھے
یہ شرطِ خاص بھی رکھ دی ہے اذنِ عام کے ساتھ

ہے خود ہی ایک مکمل فسانہ اے جوہرؔ
کسی کا نام مرے ذکرِ ناتمام کے ساتھ

○

اس تغافل کی قسم جھوم کے پیمانہ چلے
خوش رہیں آپ کہ ہم چھوڑ کے میخانہ چلے

چھیڑ شعلے سے متاعِ دل و جاں کھو کے رہی
شمع کے سامنے کیا شوخیٔ پروانہ چلے

مسکراتا ہوں خود اشکوں پہ کہ ہاں میرے بعد
آپ کی بزم میں کچھ دیر تو افسانہ چلے

گھر کی ویرانی مگر رکھ نہ سکی شرمِ جنوں
منہ چھپانے کو سوئے دامنِ ویرانہ چلے

میں نے خود نقشِ قدم اپنے مٹا ڈالے ہیں
کہ پتہ ان کو بھی بربادِ وفا کا نہ چلے

۱۲۰

بت گروں سے مگر اک دل تو بنایا نہ گیا
برہمن دیکھ کے ہم تیرا صنم خانہ چلے

غیر بھی پوچھیں گے پھر گیسوئے برہم کا مزاج
بے نیازانہ اگر جوھرِ دیوانہ چلے

۱۲۱

○

اب صبر نہیں ہوتا اے گوشۂ تنہائی
پھر جاگ اٹھے سنّاٹے پھر دشت کی یاد آئی

ناکامیٔ غم نے کی یوں انجمن آرائی
اب عشق تماشا ہے اور حسن تماشائی

بے کیفیٔ موسم پر جب ترک کی بات آئی
کم بخت گھٹا سر پر میخانہ اٹھا لائی

شاید مرے سینے کی سوزش تجھے راس آئے
آ میرے گلے لگ جا اے لالۂ صحرائی

انکارِ محبت میں وہ حسنِ بیاں اس کا
برسوں مجھے ظالم کے ہر لفظ کی یاد آئی

۱۲۲

دو اشکِ تشکر ہی اب نذرِ ستم کر لوں
کچھ دیر تکلف بھی اے ذوقِ شکیبائی

جوھرؔ یہ محبت کا اعجازِ تصرف ہے
ہم تھک گئے سمجھا کر دل کو نہ سمجھ آئی

۱۲۳

○

آرزو کی جنّت ہے جلوۂ گریزاں بھی
دل فریب ہے کتنی فتنہ گاہِ دوراں بھی

رات ان کی محفل میں امتحانِ وحشت تھا
نبھ سکی نہ یاروں سے رسمِ چاکِ داماں بھی

حسنِ دل کو چاہا تھا ہم نے دیکھنا لیکن
بن سکا نہ آئینہ ان کا روئے تاباں بھی

بوئے گل کے محرم سے پوچھو حال موسم کا
ہے خزاں کا ہر جھونکا گلستاں بداماں بھی

مجھ کو غم کی رسوائی کچھ گراں نہیں لیکن
چارہ گر نہ لے ڈوبے آبروئے درماں بھی

۱۲۴

ہائے برہمی ان کی ہائے خامشی میری
فتنہ ساز ہے کتنی احتیاطِ ارماں بھی

آگیا ہمیں جینا دل شکن اندھیروں میں
رہ گیا ہمارے سر شامِ غم کا احساں بھی

آگ اور مٹی میں اس قدر ہم آہنگی
سرکشی کا مارا ہے آدمی بھی شیطاں بھی

شامِ ہجر تو جوہرؔ ہو گئی حسیں لیکن
آنسوؤں کے سر آئی تہمتِ چراغاں بھی

۱۲۵

○

کیا ندرتِ منزل تھی کل رات جہاں میں تھا
بس روشنئ دل تھی کل رات جہاں میں تھا

وہ شمع کہ بجلی تھی وہ دل کہ نشیمن تھا
کیا رونقِ محفل تھی کل رات جہاں میں تھا

بولوں تو زباں دشمن دیکھوں تو نظر چلمن
ہر حال میں مشکل تھی کل رات جہاں میں تھا

بے جرم سزا پر بھی ہر ایک تڑپ دل کی
شرمندۂ قاتل تھی کل رات جہاں میں تھا

ارمان نکلنے میں ارمان کی افزائش
حیراں خلشِ دل تھی کل رات جہاں میں تھا

کیا گذری نہ کچھ پوچھو توفیقِ تجسس پر
ہر گام پہ منزل تھی کل رات جہاں میں تھا

۱۲۶

خود اپنی ہی راہوں کے سرشار غباروں میں
کیفیتِ محمل تھی کل رات جہاں میں تھا

ان زلفوں کے سائے میں روحِ غمِ دوراں بھی
ممنونِ سلاسل تھی کل رات جہاں میں تھا

جو آہ سدا سے تھی رسوائے اثر وہ بھی
اعجاز پہ مائل تھی کل رات جہاں میں تھا

یہ طرفہ فسوں بیزی طوفاں کی بلاخیزی
شمعِ سرِ ساحل تھی کل رات جہاں میں تھا

پروردۂ چشم ان کی جو مے تھی وہی جوھر
پیمانے کا حاصل تھی کل رات جہاں میں تھا

۱۲۷

○

کون پوچھے گا بھلا طوق و سلاسل کا مزاج
اب ہے زلفوں سے بھی بیگانہ غمِ دل کا مزاج

کون کہتا ہے کہ برگشتہ ہے بسمل کا مزاج
زندگی پوچھ رہی ہے مرے قاتل کا مزاج

ان سے پوچھے کوئی آوارہ خرامی کے مزے
جن کو معلوم ہے آسائشِ منزل کا مزاج

موجِ طوفاں سے مجھے پھر کبھی وحشت نہ ہوئی
جب سے پہچان لیا دامنِ ساحل کا مزاج

کس قدر اس کو مرے خونِ وفا کا ہے غرور
اب کسی سے نہیں ملتا مرے قاتل کا مزاج

۱۲۸

اشکِ ہستی ہیں وہ کیا رنگ تبسّم بھرتے
جو سمجھتے ہی نہیں حادثۂ دل کا مزاج

داستاں رک تو گئی ان کے اشارے پہ مگر
اپنے عالم میں نہیں دیر سے محفل کا مزاج

گونج اٹھی دشت میں جوھرؔ مرے قدموں کی صدا
کاش پوچھے کوئی اب شوخیٔ محمل کا مزاج

۱۲۹

○

انجمن ہو گئی سرگرمِ بیاں میرے بعد
بے زبانوں نے بھی کھولی ہے زباں میرے بعد

کون گھر اپنا جلائے گا پئے دیدنِ برق
اٹھنے پائے گا نہ گلشن سے دھواں میرے بعد

انجمن میں نہیں جلووں کی کمی یوں بھی مگر
حسن سرمست میں وہ بات کہاں میرے بعد

کس کو آتا ہے جلے دل سے دعائیں دینا
مٹ کے رہ جائے گی یہ رسمِ فغاں میرے بعد

غمزۂ وناز سے اب چھیڑ کہاں ہوتی ہے
چلئے پُرامن ہوا شہرِ بتاں میرے بعد

۱۳۰

آسماں سر بہ گریباں ہے زمیں خاک بہ سر
چشمکیں کس سے کرے کاہکشاں میرے بعد

ڈھونڈتے آئیں گے پاکانِ تمنّا جوہرؔ
میرے بہکے ہوئے قدموں کے نشاں میرے بعد

۱۳۱

○

حسنِ نگہِ جور کے شہکار ہمیں ہیں
شائستۂ نازِ رسن و دار ہمیں ہیں

الطاف و نوازش کا جہاں جن سے ہے روشن
نیکی کے فرشتو وہ سیہ کار ہمیں ہیں

اک قطرۂ شبنم کو ترستی ہیں جو آنکھیں
کہتی ہیں مگر ابرِ گہر بار ہمیں ہیں

موسم کی عنایت بھی ہمیں راس نہ آئی
ساقی ترے مے نوشِ زیاں کار ہمیں ہیں

ہر بار جنھیں دیکھ کے ہنس پڑتے ہیں آنسو
اے دوست وہ آسودۂ آزار ہمیں ہیں

۱۳۲

ہم سے ہی ہوئی لغزشِ اقرارِ محبت
روشن گرِ شمعِ رہِ انکار ہمیں ہیں

تکتی ہے حریفانہ جنھیں چشمِ برہمن
وہ رشتہ بجاں صاحبِ زُنار ہمیں ہیں

تم پھول سہی تابِ خزاں لا نہیں سکتے
کانٹے ہیں مگر عظمتِ گلزار ہمیں ہیں

جو ذکرِ وفا کر کے پشیماں ہیں جوہر
وہ مجرمِ خوش مستیٔ گفتار ہمیں ہیں

۱۳۳

تعمیرِ چمن کے پردے میں تخریبِ بہاراں ہے کہ نہیں
ہر لالۂ و گل کے پہلو میں اک آتشِ پنہاں ہے کہ نہیں

پھولوں سے محبت کے معنیٰ کیا خار سے نفرت ہوتے ہیں
اے پھول کے خالق تو ہی بتا کانٹوں کا گلستاں ہے کہ نہیں

نغماتِ رہائی پر رقصاں اربابِ گلستاں ہیں تو مگر
تنظیمِ نشیمن میں شامل کیفیتِ زنداں ہے کہ نہیں

سچ ہے کہ نہیں ہیں گلشن میں اب برق و نشیمن کے جھگڑے
پھر بھی ترے قبضے سے باہر تزئینِ گلستاں ہے کہ نہیں

مانا کہ جمودِ موسم کو تم امن بتایا کرتے ہو
لیکن یہ سکوتِ لالہ و گل تمہیدِ بیاباں ہے کہ نہیں

۱۳۴

○

نہ ہے متاعِ صراحی نہ رقصِ پیمانہ
بہ جرمِ شوق مگر بے خبر ہے میخانہ

قدم ہے ہوش کی حد میں نظر حریصانہ
کچھ اور کیجئے توہینِ ذوقِ رندانہ

بلاکشوں کو ہوا کیا مغانِ میخانہ
اٹھا اٹھا کے الگ رکھ دیا ہے پیمانہ

بنامِ عشق تو خاموش ہے بھری محفل
سنائے کون غمِ زندگی کا افسانہ

سمجھ سکے نہ ابھی تک یہ بات دیوانے
کہ ہے جنوں کی حدوں میں طریقِ فرزانہ

—

۱۳۵

○

دامن کا غم نہ فکرِ گریباں ہے ان دنوں
ہشیار کس قدر دلِ ناداں ہے ان دنوں

خوشبوئے یادِ غنچہ و گل ان سے آئے ہے
کانٹوں سے آبروئے گلستاں ہے ان دنوں

حسنِ تعلقات کا اللہ رے ستم
رنگِ حیا کچھ اور نمایاں ہے ان دنوں

توہینِ غم اب اس سے مکمل بھی ہوگی کیا
دشمن بھی مجھ پہ مائلِ احساں ہے ان دنوں

کچھ ناز کچھ حجاب کچھ اندازِ محویت
کِس کِس ادا سے کوئی گریزاں ہے ان دنوں

۱۳۶

انساں نہیں، وہ چاہے فرشتہ ہو یا کچھ اور
انسانیت کا جو بھی نگہباں ہے ان دنوں

دل پر لگی ہے چوٹ بعنوانِ التفات
جوہؔر بطرزِ خاص غزلخواں ہے ان دنوں

۱۳۷

○

طے ہوئی تھی آپ سے ہر غم پہ چھا جانے کی بات
پھر نکل آئی کہاں سے دل کو سمجھانے کی بات

ہو گیا ہے خود بخود پُر کیف واعظ کا بیاں
جب سرِ منبر کبھی چھیڑی ہے میخانے کی بات

ایک وحشی نے ذرا پوچھا تھا کانٹوں کا مزاج
دیر تک ہوتی رہی پھولوں میں ویرانے کی بات

دل کو برما جائے ہے آخر پُرانی دوستی
اب بھی کعبے میں نکل آتی ہے بت خانے کی بات

چہرۂ دوراں پہ کتنے رنگ آئے اور گئے
ہے کسی کے زیرِ غور آج ایک دیوانے کی بات

۱۳۸

بن گئی ہے غیر کی خوش فہمیوں کا سلسلہ
کل تمہاری انجمن سے میرے اٹھ آنے کی بات

ان کے پائے ناز کا اور میرے سر کا ذکر تھا
جب کہیں جو ھر چھڑی سجدوں کو ٹھکرانے کی بات

۱۳۹

○

اندھیرا شعلہ بداماں ہے کیا کیا جائے
گمانِ جشنِ چراغاں ہے کیا کیا جائے

جنوں کو فرصتِ آرائشِ جمال نہیں
کسی کی زلف پریشاں ہے کیا کیا جائے

نظر کے سامنے نازک سا آبگینہ ہے
شکستِ سنگ کا امکاں ہے کیا کیا جائے

غضب خدا کا ہم ایمان لائے ہیں جس پر
وہ ایک دشمنِ ایماں ہے کیا کیا جائے

جہاں کوئی نہیں شائستۂ شکستہ دلی
وہاں ضیافتِ مژگاں ہے کیا کیا جائے

۱۴۰

چمن میں دیدۂ نرگس کو نور دے کر بھی
نصیبِ عشق بیاباں سے ہے کیا کیا جائے

صبا کے ساتھ میں جھنکار بھی ہے خوشبو بھی
گلوں کے سائے میں زنداں ہے کیا کیا جائے

دلِ حزیں کی تب و تاب سے خدا سمجھے
وہ آئینے سے پشیماں ہے کیا کیا جائے

اُس انجمن کو چلے تو ہیں ہم مگر جوہر
وہاں بھی غیر ہی درباں ہے کیا کیا جائے

۱۴۱

○

چمن سے ہم دلِ حسرت مآب لیکے چلے
وطن سے حبِّ وطن کا جواب لیکے چلے

خدا کرے کہ نہ ٹوٹے اب ان کا خوابِ سکوں
وہ جن کی بزم سے ہم اضطراب لیکے چلے

یہ غم نہیں ہے کہ عیشِ دوروزہ کبھی نہ ملا
خوشی یہ ہے کہ غمِ کامیاب لیکے چلے

تمھاری چاندنی راتیں ہوں اور نور فروش
ہم آج داغِ دلِ ماہتاب لیکے چلے

نگارِ صبحِ بنارس کی پاک دامانی
تجھے سلام کہ چشمِ پُر آب لیکے چلے

۱۴۲

ہمارے بعد گلستاں کو ہوش آئے گا
ہم اپنے ساتھ چمن کا شباب لیکے چلے

ہیں جسکے نغمے ابھی ذوقِ بزم سے بالا
تمہاری بزم سے ہم وہ رُباب لیکے چلے

ہم اہلِ درد حوادث کی بارگاہوں سے
ہزارہا صلۂ انقلابؔ لیکے چلے

غمِ حیات ہو جوؔہر کہ ہو غمِ محبوب
جو شے بھی لیکے چلے بے حساب لیکے چلے

○

ہماری سرگذشتِ دل تمہاری داستاں تک ہے
تمہاری داستاں لیکن خدا جانے کہاں تک ہے

حریمِ دل کے جلوؤں سے ملائی ہے نظر کس نے
ابھی ذوقِ جہاں رنگینیٔ حسنِ بتاں تک ہے

ہماری تشنگی کا ماجرا کوئی نہیں سنتا
ہماری لغزشوں کا تذکرہ پیرِ مغاں تک ہے

مآلِ جذبِ دل معلوم، پھر بھی سوچتا ہوں میں
تری شانِ تغافل میری سعیٔ رائگاں تک ہے

متاعِ گریۂ شبنم تو کام آئی گلستاں کے
گلوں کی سرخوشی لیکن جنابِ باغباں تک ہے

۱۴۴

جگر کا درد، دل کی دھڑکنیں لیکر کہاں جاؤں
تری محفل میں جب ذکرِ حسابِ دوستاں تک ہے

حدیثِ دیگراں کے ساتھ وہ کرتے تھے ذکر اُس کا
کسے معلوم تھا جوہؔر کی رسوائی یہاں تک ہے

۱۴۵

○

ہیں معتقدِ ساقی یارانِ حرم کتنے
کعبے سے خمستاں تک ہیں نقشِ قدم کتنے

واعظ کا گلہ کیا جب سوچا نہ برہمن نے
اک دل کے بنانے میں کام آئے صنم کتنے

اُس جانِ تغافل کی تکلیفِ تبسّم سے
آنسو ہوئے جاتے ہیں شائستۂ غم کتنے

ناموسِ تعلّق کی سوگند ذرا سوچو
برگشتہ ہو تم کتنے وارفتہ ہیں ہم کتنے

پینے کی نہیں لیکن لغزش کی پرکھ ہوگی
اب دیکھئے محفل میں کھلتے ہیں بھرم کتنے

۱۴۶

یہ بات بتا کر ہم کیوں غم کو کریں رسوا
ہیں اہلِ کرم کتنے ہیں اہلِ ستم کتنے

اربابِ الم آنسو پیتے ہی گئے پھر بھی
دیکھو تو ذرا جوہؔر دامن ہوئے نم کتنے

۱۴۷

○

ستمگر کی بساطِ ناز کو برہم نہ کرنا تھا
دلِ ناداں تجھے جشنِ نشاطِ غم نہ کرنا تھا

وہ طنزاً ہی سہی لیکن ہنسی پھر بھی ہنسی ٹھہری
تبسّم کو شریکِ گریۂ پیہم نہ کرنا تھا

دماغِ جور پر شاید یہی تیور گراں گذرے
مجھے یوں مسکرا کر اعترافِ غم نہ کرنا تھا

ذرا سی دھوپ میں بیچارے ہمت ہارے جاتے ہیں
گلوں کو اس قدر آسودۂ شبنم نہ کرنا تھا

تمہاری اک نظر میں کتنے ہی پہلو نکلتے ہیں
اشارہ ہی جو کرنا تھا تو یوں مبہم نہ کرنا تھا

۱۴۸

تمہیں ہو اب بھی شمعِ بزم پھر کیوں روشنی کم ہے
تمہیں میرے چراغِ شوق کو مدھم نہ کرنا تھا

خلوصِ آرزو بے چارگی تک آگیا جوہرؔ
یہاں تک اعتبارِ جذبۂ باہم نہ کرنا تھا

۱۴۹

○

وحشتِ دل راس آئی بزمِ جاناں چھوڑ کر
آنسوؤں کا رنگ نکھرا اُن کا داماں چھوڑ کر

اس سے پوچھے کوئی جا کر لذتِ دیوانگی
دشت کا رستہ جو بھولا ہو گلستاں چھوڑ کر

کیا اسی کا نام اخلاصِ تمنا ہے کہ میں
زلف سلجھاتا رہا چاکِ گریباں چھوڑ کر

دادِ غم دینے چلا آیا ہوں ان کی بزم سے
غیر کو تحسیں کناں ان کو غزل خواں چھوڑ کر

آخرش کیا دوں کسی کی پرسشِ غم کا جواب
اور تو سب خیریت ہے دردِ ہجراں چھوڑ کر

۱۵۰

جائیں گے آخر یہ مرجھائے ہوئے غنچے کہاں
کوئے گلچیں اور دیارِ گل فروشاں چھوڑ کر

دیکھئے کیا رنگ لائے اب یہ اندازِ بیاں
داستاں کہنے چلا ہوں ربطِ عنواں چھوڑ کر

عافیت گاہِ محبت میں لئے بیٹھا ہوں دل
دوستوں پر کاروبارِ کفر و ایماں چھوڑ کر

کون جانے کیا ہوا جو ھو مرے آنے کے بعد
میں تو محفل سے اٹھا تھا سب کو خنداں چھوڑ کر

مری نگاہوں کا یہ فسانہ بنا نگاروں کی انجمن میں
کہ جیسے کچھ خار آ گئے ہوں بھری بہاروں کی انجمن میں

بتاؤ پھر رہ گئی کمی کیا نظارۂ غم کی دلکشی میں
خیالِ دامن رہا نہ تم کو جب اشکباروں کی انجمن میں

نہ جانے اٹھتی نہیں کیوں نگاہیں ہماری بجائے تمہارے بدلے
پہنچ گئے ہم جو اتفاقاً تمہارے یاروں کی انجمن میں

تمہارے لب پر جنابِ واعظ ہے صرف رحمت کا نام لیکن
چراغ رحمت کا جل رہا ہے گناہ گاروں کی انجمن میں

گلوں کی پژمردگی کا گلچیں علاج شبنم ہی کر سکے گی
میں لے کے آیا ہوں چند آنسو خوشی کے ماروں کی انجمن میں

۱۵۲

یہ خامیٔ ذوقِ میکشی ہے کہ چشمِ ساقی کی بے بسی ہے
خلافِ مستی ہر ایک لغزش ہے بادہ خواروں کی انجمن میں

سنا ہے لائے ہیں آج جوہرؔ سمو کے لفظوں میں دل کی دھڑکن
نہ جانے کیا حشر ہو گا برپا غزل نگاروں کی انجمن میں

۱۵۳

○

راہِ شوق اتنی بھی ہموار نہ ہونے پائے
سُرخرو حوصلۂ دار نہ ہونے پائے

سوچتے رہ گئے ہم آپ سے کہنے کے لئے
ایک بات ایسی کہ انکار نہ ہونے پائے

دل بھی کس طرح سے اُس راز کی قیمت جانے
جس کا شہرہ سرِ بازار نہ ہونے پائے

اس طرح پاکیٔ داماں کی حکایت کہیئے
اشک آمادۂ گفتار نہ ہونے پائے

چند آوارہ لکیریں ہی بناتے جاؤ
رائگاں حسرتِ کہسار نہ ہونے پائے

۱۵۴

روز بستر پہ کوئی پھول بچھا جاتا ہے
یوں کہ فرمائشِ دیدار نہ ہونے پائے

مجھ کو اک شمع حقیقت کی جلانے دیجے
کم اگر رونقِ دربار نہ ہونے پائے

زیرِ دیوار جو گذری ہے کسی پر جوؔہر
وہ قیامت پسِ دیوار نہ ہونے پائے

۱۵۵

○

بربادیٔ وقار کی حد سے گذر گئے
ہم سادہ دل تھے پیار کی حد سے گذر گئے

ہم بیکسوں کو شکر کا موقع بھی دیجئے
اب تو ستم شمار کی حد سے گذر گئے

شمعِ طلب بجھا کے بھی جاگے تمام رات
ہم آج انتظار کی حد سے گذر گئے

یہ تو گلوں کے ظرفِ مسرت کی بات ہے
اتنا ہنسے بہار کی حد سے گذر گئے

لٹ کر بھی چل رہے ہیں لٹیروں کے ساتھ ساتھ
دیوانے اعتبار کی حد سے گذر گئے

۱۵۶

اب راہِ دل میں دور کی آواز بھی نہیں
لو آج ہم قرار کی حد سے گذر گئے

پھرتے ہیں ٹھوکروں کا مقدر بنے ہوئے
جو اپنے اختیار کی حد سے گذر گئے

بتلا رہی ہے شہر کی یہ پُرسکون فضا
حالات انتشار کی حد سے گذر گئے

آنکھیں بھر آئیں اور فسانہ تمام تھا
جو ہو تو اختصار کی حد سے گذر گئے

۱۵۷

○

غمِ حیات میں ایسے بھی مرحلے گذرے
نظر سے گویا تمھارے مراسلے گذرے

جو راستہ خس و خاشاک نے کیا ہموار
اسی سے دیکھئے شعلوں کے قافلے گذرے

ہم ایک بار ہی گذرے تھے کوئے جاناں سے
پھر اس کے بعد فسانوں کے سلسلے گذرے

ہو کوئی ساتھ تو لمحوں کی عمر کیا کہئے
کہ ایک گام میں صدیوں کے فاصلے گذرے

قیامتوں نے جہاں عذرِ احتیاط کیا
وہاں سے بھی دلِ وحشی کے حوصلے گذرے

۱۵۸

تعلقات کا یہ موڑ اے معاذاللہ
کہ اجنبی کی طرح سے رُکے، ملے، گذرے

اسی ملال نے گویائی چھین لی جوہر
زباں پہ کیسے دلوں کے معاملے گذرے

۱۵۹

○

ساقی کی نگاہوں کو تہذیب سکھا دی ہے
دل نے مری توبہ کو جی بھر کے دعا دی ہے

بجھتے ہوئے دیکھے ہیں پروانوں کے دل کتنے
بیدرد ہوا نے جب اک شمع بجھا دی ہے

کیا کم ہے کہ اب اُن کے دامن کے ہیں دن بدلے
اشکوں نے محبت کی قیمت تو گھٹا دی ہے

شعلہ ہے مرے دل کا آندھی نہ اِسے چھیڑے
اِس آگ کو ظالم کے دامن نے ہوا دی ہے

کیا رحم کے قابل تھی طوفان کی تنہائی
کشتی جو کبھی میں نے ساحل سے لگا دی ہے

۱۶۰

دامانِ تعلق تو ہے چاک بہرصورت
یا مجھ کو ہوا دھوکا یا تم نے دغا دی ہے

پہلوئے عنادل سے پوچھو کہ بہاروں نے
یہ پھول کھلائے ہیں یا آگ لگادی ہے

آہوں کو نوازا ہے کچھ تیرے تغافل نے
کچھ بے اثری نے بھی تاثیر بڑھادی ہے

کچھ بھی نہ سہی جوہرؔ پھر بھی دلِ ناداں نے
ہر دورِ ستم کو اک تاریخِ وفا دی ہے

۱۶۱

○

طلب نواز اشارے ہزار ملتے ہیں
جو ہو نظر تو نظارے ہزار ملتے ہیں

جواں ہو عزمِ سفر تو اندھیری راتوں میں
چراغِ راہ ستارے ہزار ملتے ہیں

بڑھے سفینہ ملا کر جو آنکھ طوفاں سے
تو موجِ غم میں کنارے ہزار ملتے ہیں

جنوں کو گیسوئے برہم کے سائے کی ہے تلاش
وگرنہ زلف سنوارے ہزار ملتے ہیں

نیاز مند ہو شایانِ چشمِ ناز کوئی
نگاہِ ناز کے مارے ہزار ملتے ہیں

۱۶۲

اگر خلوصِ سفر ہو تو ٹھوکروں سے بھی
مسافروں کو سہارے ہزار ملتے ہیں

کوئی کلی بھی شریکِ خزاں نہیں جوہرؔ
چمن کے راج دلارے ہزار ملتے ہیں

ہو گیا دامن پہ تازہ چشمِ حرماں کا لہو
ہم نشیں کیوں تو نے چھیڑی داستانِ رنگ و بو

ماجرائے دیدۂ و دل اس سے آگے کیا کہوں
مل گئیں ساقی سے نظریں بھر گئے جام و سبو

اہلِ دل طے کر گئے کتنے مقاماتِ جنوں
آنکھ والے کر رہے ہیں اہتمامِ جستجو

۱۶۴

○

یا روشنی ہے رہ گذرِ جاں سے بے نیاز
یا ہم گذر رہے ہیں چراغاں سے بے نیاز

انسان جب ہے خود غمِ انساں سے بے نیاز
گردوں نہ کیوں ہو فتنۂ دوراں سے بے نیاز

اے دوست تیری پاکئ داماں کو کیا خبر
ایسے بھی اشک ہیں جو ہیں داماں سے بے نیاز

۱۶۵

○

شعلہ سامانی مزاجِ گریۂ شبگیر ہے
دشمنِ تاثیر لیکن خواہشِ تاثیر ہے

دستِ سائل سے بھی کم دستِ پیالہ گیر ہے
میکدہ بردوش ہو تم یہ مری تقدیر ہے

کوئی گل پہنچا نہیں تھا جب کسی گیسو تلک
اس زمانے سے گلستاں پیار کی جاگیر ہے

بکھری زلفیں، سونی آنکھیں، پھیکا پھیکا پیرہن
غور سے دیکھو ذرا یہ صبح کی تصویر ہے

ٹھوکریں مجھ کو گوارا تم کو ٹھکرانے کا شوق
پھر قریب آنے میں کیا گنجائشِ تاخیر ہے

۱۰۶۶

کس لئے تنہا چلے ہو دل کی ویرانی کو تم
یہ ہماری اور تمہاری باہمی تعمیر ہے

تو کسی کے واسطے بے خواب ہو کر دیکھ لے
زندگی تیری قسم تعبیر ہی تعبیر ہے

اپنی رسوائی کا غم نذرِ سلاسل ہو گیا
اب تو جوہرؔ کو غمِ رسوائی زنجیر ہے

۱۶۷

○

جو ویرانے پہ بیتی ہے کسی گلشن پہ کیوں گذرے
جو غم میں نے اٹھایا ہے مرے دشمن پہ کیوں گذرے

خدائے عشق رکھے آبروئے حسنِ تغافل کی
گریباں کی قیامت آپکے دامن پہ کیوں گذرے

بھلا کیا تابِ حسرت لائیں گے در پردہ نظارے
نگاہِ شوق کا عالم تری چلمن پہ کیوں گذرے

وقارِ عشق کا معیار تھی موسیٰ کی ضد ورنہ
حریمِ دل کا فتنہ وادئ ایمن پہ کیوں گذرے

———— - ———

۱۶۸

○

کیا ہے کب کوئی شکوہ حقیقتاً میں نے
سلام کر دیا ساقی کو عادتاً میں نے

نگاہ ملتے ہی شکرانہ بن گیا ہر لفظ
شروع بات تو کی تھی شکایتاً میں نے

غضب خدا کا وہ کہتے ہیں بے زباں مجھ کو
دیا جواب نہ جن کا مروتاً میں نے

۱۶۹

جبینِ حسن کی وجہِ شکن بیاں نہ کرے
نصیبِ غم کی لکیروں کو بدگماں نہ کرے

دیارِ عشق میں جس کے نشانِ پا نہ ملیں
وہ ہے کہاں کہ اسے کوئی بے نشاں نہ کرے

جس انجمن میں تبسم سے کام چل جائے
وہاں وقارِ فغاں کی قسم فغاں نہ کرے

زمانہ صرف غم و دردِ جاں کو روتا ہے
یہ درد الگ ہے کہ اظہارِ دردِ جاں نہ کرے

تمام عمر پشیماں رہے ضمیرِ الم
اب اس قدر بھی امیدوں کو بیکراں نہ کرے

۱۷۰

سوالِ غیرتِ سجدہ اٹھے فقیروں میں
بلند اتنا بھی معیارِ آستاں نہ کرے

گلوں کی فصل نہیں سازشوں کا موسم ہے
خزاں بھی کس لئے تائیدِ باغباں نہ کرے

گماں کرے ہے زمانہ کہ جھوٹ بولے ہے
"شکایت اتنی کسو کی کوئی بیاں نہ کرے" (سوداؔ)

مزہ یوں ہی نہیں دیتی شراب کی تلخی
وہ رند کیا ہے جو ساقی کو سرگراں نہ کرے

اُسے زمانہ کہے زندہ باد کیوں جوھرؔ
جو اپنے جذبۂ خوددار کا زیاں نہ کرے

۱۷۱

○

کچھ فضا آج بہ عنوانِ دگر بدلی ہے
پھول تو پھول ہیں کانٹوں کی نظر بدلی ہے

آج پھر ہے اُسی ڈوبے ہوئے سورج کی نمود
یہ بھی دھوکا تھا کہ تقدیرِ سحر بدلی ہے

تم بلانوش ہو بارِ سرِ میخانہ نہیں
پھینک دو جام کہ ساقی کی نظر بدلی ہے

دعوتِ فکر ہے اربابِ نشیمن کے لئے
بے سبب کیوں روشِ برق و شرر بدلی ہے

پھر کوئی خاص عنایت تو نہ ہوگی اے دوست
آج کچھ کیفیتِ دردِ جگر بدلی ہے

۱۷۲

کون اب کس سے کرے دل شکنی کا شکوہ
آپ اور ہم ہی نہیں شام و سحر بدلی ہے

رنگِ میخانہ تو دیکھ آئیے جوہرؔ صاحب
ہر طرف دیکھئے تا حدِّ نظر بدلی ہے

۱۷۳

○

سحر کا ہوش نہیں شام کا خدا حافظ
یہ ابتدا ہے تو انجام کا خدا حافظ

سنا نہ پائے تھے ہم اور وہ مسکرا بیٹھے
حکایتِ دلِ ناکام کا خدا حافظ

قرار لُٹتا ہے پھر بھی دعائیں دیتا ہوں
کہ جانے والے کے ہر گام کا خدا حافظ

ہمیں تو سختیٔ راہِ حیات راس آئی
سبک روانِ رہِ عام کا خدا حافظ

نظر نے چھیڑا فسانہ تو حشر جاگ اٹھا
مآلِ نامۂ و پیغام کا خدا حافظ

۱۷۴

کوئی گذر تو رہا ہے نظر چرائے ہوئے
تجلیاتِ در و بام کا خدا حافظ

دھواں چراغِ حرم کا ہے غازۂ رخسار
نظارہ سازئ اصنام کا خدا حافظ

نظر ملانے لگے بوالہوس بھی جوہرؔ سے
جناب کے کرمِ عام کا خدا حافظ

۱۷۵

○

ایک ہی دور میں کہتے ہو کہ یہ کم تو نہیں
ہم ہیں مے نوش کوئی تشنۂ شبنم تو نہیں

کیا مجھے اب کہیں اک جام نہیں مل سکتا
میرے ساقی ترا میخانہ دو عالم تو نہیں

آپ کیا جانیں کہ سمٹا ہوا دامن کیا ہے
آپ کے پاس مرا دیدۂ پُرنم تو نہیں

برق نے کس لئے تکلیفِ توجہ کی ہے
دیکھنا شمعِ نشیمن کہیں مدّھم تو نہیں

رازِ خاموشئ جوھر کو سمجھنے کی بجائے
خوش ہیں احباب کہ ہنگامۂ ماتم تو نہیں

———

۱۷۶

○

ضبطِ غم پر لطف کا ان کے گماں ہوتا رہا
میری خاموشی کا یوں بھی امتحاں ہوتا رہا

جس قدر ہوتا رہا ہم کو جبیں سائی پہ ناز
ان کو اتنا ہی غرورِ آستاں ہوتا رہا

کس قدر نظّارہ پرور ہے بہارِ زندگی
ہم کو کانٹوں پر گمانِ گلستاں ہوتا رہا

وہ گرانبارِ تمنا ہوں دیارِ عشق میں
میری عرضِ شوق پر وہ سرگراں ہوتا رہا

کتنی عبرت خیز اے جوہرؔ ہے رودادِ چمن
غنچۂ نورس بھی پامالِ خزاں ہوتا رہا

۱۷۷

○

سنواری زلفِ برہم اور دیوانوں کو لے ڈوبے
وہ اپنی اک ادا میں کتنے ارمانوں کو لے ڈوبے

بلا سے تشنہ لب ہوں پر مرے دل کا یہ عالم ہے
یہ پیمانہ چھلک جائے تو میخانوں کو لے ڈوبے

یہ اعجازِ سیاست ہے کہ دنیا کی نگاہوں میں
وہی اہلِ خرد ٹھہرے جو نادانوں کو لے ڈوبے

بڑے ہی رنگ پر محفل تھی لیکن میری آنکھوں سے
گرے دو چار آنسو اور افسانوں کو لے ڈوبے

بھری محفل میں ترکِ آرزو کی بات چھیڑی ہے
تم اچھے میزباں ہو اپنے مہمانوں کو لے ڈوبے

۱۷۸

اُدھر ساحل نشیں اور موجِ حیرت کے تھپیڑے تھے
اِدھر ٹوٹے سفینے تھے جو طوفانوں کو لے ڈوبے

چلو اب ہم نہ چھیڑیں گے مگر غمزوں کا کیا ہوگا
نہ کہنا پھر کہ دیوانے پری خانوں کو لے ڈوبے

ہنسی جی بھر کے محرومی اِس اندازِ کریمی پر
کرم فرمانے والے تنگ دامانوں کو لے ڈوبے

لبِ تاریخ چاہے جتنی تاویلیں کرے لیکن
وہ انساں ہی تو تھے جو خود جو انسانوں کو لے ڈوبے

۱۷۹

○

تری بے رخی سے ظاہر مرا حسنِ جستجو ہے
یہی شوخیٔ تکلف تو نشاطِ آرزو ہے

جو زمین فتح کر لی تو فلک کی جستجو ہے
مگر آدمی کا دل ہے کہ خرابِ آرزو ہے

اسے کوئی زہر سمجھا تو کوئی شراب سمجھا
مرے نامرادوں کا یہ وہ رائگاں لہو ہے

مرے اشک سے بچائیں نہ حضور اپنا دامن
کہ یہ آپ ہی کے بخشے ہوئے غم کی آبرو ہے

تجھے میرِ میکدہ ہے یہ کہاں کی بدگمانی
ترا نام کیسے لیتا ابھی شیخ بے وضو ہے

۱۸۰

بہ لحاظِ دیدۂ و دل ہے وقارِ حسنِ رنگیں
مگر آبروئے گلشن بہ لحاظِ رنگ و بو ہے

یہاں جرأتِ نمو کی تو کمی نہیں ہے جوھر
مگر اس جہانِ غم میں کسے فرصتِ نمو ہے

۱۸۱

○

حسن رسوائے گلستاں ہے غزل کیا کہئے
عشق گم کردہ بیاباں ہے غزل کیا کہئے

دردِ سر گشتۂ درماں ہے غزل کیا کہئے
اشک آوارۂ مژگاں ہے غزل کیا کہئے

طولِ نومیدی سے دیوانے کو نیند آنے لگی
اب یہ رنگِ شبِ ہجراں ہے غزل کیا کہئے

اشکِ حرماں کی تھی سمٹے ہوئے دامن سے بہار
آپ کے لطف کا امکاں ہے غزل کیا کہئے

جس کے غم سے تھا عذابوں کا تصور بھی حسیں
اب وہ کافر بھی مسلماں ہے غزل کیا کہئے

۱۸۲

یہی جلتا ہوا دل شمعِ دو عالم تھا کبھی
اب چراغِ تہِ داماں ہے غزل کیا کہئے

آپ کی بزم میں بھی اب تو دلِ ناداں کو
اعترافِ غمِ دوراں ہے غزل کیا کہئے

آج بیتاب جبینوں کے حضور اے جوہر
نذرِ سنگِ درِ جاناں ہے غزل کیا کہئے

۱۸۳

انساں ہجوم درد میں جب معیارِ طلب کھو دیتا ہے
کچھ عمرِ سکوں گھٹ جاتی ہے کچھ عزمِ وفا رو دیتا ہے

الفت کے عوض الزام سہی ہاں صبح کے بدلے شام سہی
ہم ہنس کے وہی لے لیتے ہیں ناداں ہمیں جو دیتا ہے

زہراب بھی اپنے ساغر میں صہبائے محبت بن کے رہا
ہم پھول اُگا ہی لیتے ہیں کانٹے جو کوئی بو دیتا ہے

ناسازیٔ موسم میں بھی ہمیں راس آیا ہمارا ذوقِ جنوں
کرتا ہے جو سیرِ ویرانہ وہ داد ہمیں کو دیتا ہے

ہم تو یہ سمجھتے تھے کہ ہمیں اب وضع بدلنا ہوگی مگر
صد شکر کہ ان کا طرزِ جفا احساسِ وفا تو دیتا ہے

اپنے تو ہزاروں اشکوں سے اک داغِ تمنا بھی نہ مٹا
ظالم کا مگر صرف ایک آنسو ہر داغِ ستم دھو دیتا ہے

۱۸۴

○

ہر شورشِ مستی کا افسانہ نہیں بنتا
ہر ٹوٹے ہوئے دل سے پیمانہ نہیں بنتا

دل جوشِ تجسس میں ہو جاتا ہے دیوانہ
جلووں کے بنانے سے دیوانہ نہیں بنتا

تعمیر کا یہ پہلو ہے آبلہ پائی میں
گلشن کے اجڑنے سے ویرانہ نہیں بنتا

اشکوں کو ذرا پی کر سینے کا بھرم دیکھو
چھلکے ہوئے ساغر سے میخانہ نہیں بنتا

بے سوزِ طلب جوؔہر خود ان کی نظر سے بھی
عنوان تو بنتا ہے افسانہ نہیں بنتا

۱۸۵

○

وارفتگیٔ دل تھی پہنچے جو نہ منزل تک
ورنہ ہمیں راس آئی اس راہ میں مشکل تک

تصویر ادھوری ہے بیتابیٔ بسمل تک
تعمیرِ محبت کا ہے سلسلہ قاتل تک

یہ قدر رہائی کی نادرِ اسیری ہے
نغمات کا جادو ہے آوازِ سلاسِل تک

فکرِ حدِ الفت میں دیوانہ پھرے لیکن
بہکے تو چلے آئے ہم عقل کی منزل تک

برداشتہ دل تم ہو بیداد سے خود ورنہ
کیا شکوۂ غم کرتے جو ہار گئے دل تک

۱۸۶

کیا جانیں جو مرتے ہیں ٹکرا کے کناروں سے
اک سلسلۂ جاں ہے طوفان سے ساحل تک

صہبا جو کبھی چھلکی ساقی نے دُعا پائی
جب جام کوئی ٹوٹا بات آئی مرے دل تک

اب ذوقِ تجسس کو لیجائیں کہاں جوہرؔ
تدبیر بھی لے آئی تقدیر کی منزل تک

۱۸۷

○

ڈھونڈتے ہیں جام وہ پیرِ مغاں بننے کے بعد
جستجو عنوان کی ہے داستاں بننے کے بعد

رہزنی سیکھی تھی یوں تو پاسباں بننے کے ساتھ
پختگی آئی امیرِ کارواں بننے کے بعد

لیجئے بنیادِ زنداں کے لئے کام آگئے
چند تنکے بچ رہے تھے آشیاں بننے کے بعد

کچھ تو کہئے کس طرح اربابِ تنظیمِ چمن
زیست بن جائیں گے مرگِ ناگہاں بننے کے بعد

مصلحت ہے آج ان کو پھونک لینے دو چمن
پھول بھی برسائیں گے برقِ تپاں بننے کے بعد

۱۸۸

○

ہوئی مانوس کچھ اتنی بہارِ گلستاں ہم سے
کہ اب کترا کے چلتے ہیں جنابِ باغباں ہم سے

نہ پوچھو اس سے آگے جذبِ دل کی داستاں ہم سے
وہ اب بے وجہ بھی رہنے لگے ہیں بدگماں ہم سے

ذرا اہلِ سفر کر لیں سبک گامی کا اندازہ
الجھتا جا رہا ہے کیوں غبارِ کارواں ہم سے

جنوں کی راہ میں دار و رسن پہلا قدم ٹھہرا
ابھی واقف نہیں دار و رسن کے پاسباں ہم سے

برا ہو دل کی بیتابی کا تیرے در تک آنے میں
نہ جانے کتنے سجدے ہو چکے ہیں رائگاں ہم سے

۱۸۹

○

کاکل و رخ ہی نہیں شام و سحر اور بھی ہیں
ایک تم ہی نہیں ارمانِ نظر اور بھی ہیں

داغِ دل اور بھی ہیں زخمِ نظر اور بھی ہیں
شعلۂ گل کے سوا شعلۂ تر اور بھی ہیں

حسن والے تری اِن نیچی نگاہوں کی قسم
محفلِ حسن کے آدابِ نظر اور بھی ہیں

اک غمِ دوست پہ موقوف نہیں بے تابی
مرکزِ سلسلۂ دردِ جگر اور بھی ہیں

مسجد و دیر و خرابات پہ کچھ ختم نہیں
دل سلامت تو گلستانِ بشر اور بھی ہیں

۱۹۰

راہبر تھک گئے اب دیکھئے کیا ہوتا ہے
قافلے کو ابھی درپیش سفر اور بھی ہیں

رہ نماؤں کے نشاناتِ قدم ہی پہ نہ چل
ہم سفر شمعِ سرِ راہ گذر اور بھی ہیں

زورِ بازو پہ نہیں بس، دلِ انساں کی قسم
چاہے انسان تو رہِ فتح و ظفر اور بھی ہیں

۱۹۱

کیا یوں ہی لہو دل کا آنکھوں سے ٹپکتا ہے
جب ظرف سے بڑھتی ہے پیمانہ چھلکتا ہے

یہ معترضِ مستی اس راز کو کیا سمجھیں
ہوش آتا ہے ساقی کو جب رند بہکتا ہے

اک برقِ تمنا نے اس حسن سے گھر پھونکا
کندن کی طرح دل کا ہر ذرّہ دمکتا ہے

ویرانیٔ دل کو کیوں امّید نہ راس آئی
گلشن کی ہواؤں سے صحرا بھی مہکتا ہے

یہ خاکِ نشیمن کا ذرّہ تو نہیں کوئی
خاموش فضاؤں میں جگنو سا چمکتا ہے

معصوم سہی کوئی پر رات گئے جوہر
انگڑائی بھی آتی ہے آنچل بھی سرکتا ہے

۱۹۲

○

غم ناشناس بھی ہے وہ نامہرباں بھی ہے
اے دل مگر بتا تجھے تابِ فغاں بھی ہے

وہ انجمن دوام ہے ہر سانس کو جہاں
سرمایۂ حیات وہیں رائگاں بھی ہے

غنچے کا اک تبسمِ نازک چمن کی جاں
اور بوئے گل دماغِ چمن پر گراں بھی ہے

شاید وہی جنونِ تمنا کا ہو مآل
وہ سعیٔ کامیاب جو خود رائگاں بھی ہے

ہے گرچہ معترف مرے حسنِ خلوص کا
لیکن یہ وضعِ حسن کہ وہ بدگماں بھی ہے

رنجِ حیات و عشق کو ہم آزما چکے
جوہرؔ نواز کوئی غمِ جاوداں بھی ہے

۱۹۳

○

کہاں کا دشتِ جنوں کیا دیارِ یار ابھی
قدم قدم پہ ہے تشویشِ سنگ و خار ابھی

ٹھہر ٹھہر نگہِ التفاتِ یار ابھی
بہ احتیاطِ سکوں دل ہے بیقرار ابھی

ہے باغباں بھی، نشیمن بھی، ہم بھی گلشن میں
مگر کوئی نہیں آسودۂ بہار ابھی

نظر کو روک لے ساقی کہ محفلِ رنداں
بنامِ جنبشِ مینا ہے بے قرار ابھی

یہ انقلابِ سرِ راہ بھی کوئی کم ہے
جو قافلہ تھا ابھی ہے وہی غبار ابھی

۱۹۴

مرے بغیر ہو جیسی بھی اب تری محفل
ترے بغیر تو مجھ کو نہیں قرار ابھی

یہ پھول گریۂ شبنم کا راز کیا جانیں
خزاں کے ہاتھ میں ہے دامنِ بہار ابھی

کہیں ہے حسن کے لب پر فسانۂ جوھرؔ
کہیں ہے تذکرۂ حسنِ پردہ دار ابھی

۱۹۵

○

جام کو مُنہ لگائے بہت دن ہوئے
ہوش کے دن گنوائے بہت دن ہوئے

اب ذرا شمع کی لو بڑھا دیجئے
دل کا دامن جلائے بہت دن ہوئے

ہوا جازت پھر اک زیرِ لب آہ کی
آپ کو مسکرائے بہت دن ہوئے

آج تک اٹھ نہ پائی نگاہِ وفا
بارِ احساں اٹھائے بہت دن ہوئے

کیوں بہارو، مجھے بھیجتی ہو سلام
میرے گھر ان کو آئے بہت دن ہوئے

۱۹۶

آنسوؤں کو ترستی ہیں آنکھیں ہنوز
ان کو دامن بچائے بہت دن ہوئے

یہ کسی اور کے ہوں گے نقشِ قدم
مجھ کو تو لڑ کھڑائے بہت دن ہوئے

جوہرؔ اب تک نہیں دھڑکنیں ہوش میں
درد کو گنگنائے بہت دن ہوئے

۱۹۷

یہ سلسلۂ شوخیٔ جاناں نہ نیا ہے
ارشاد ہوا ہے کہ یہ دیوانہ نیا ہے

مطلب تو ہے اس سے کہ ہے مے کتنی پرانی
اس سے ہمیں کیا کام کہ پیمانہ نیا ہے

آئینۂ تجدید ہے تاریخِ محبت
جس دور میں بھی سنئے یہ افسانہ نیا ہے

کس دھوکے میں ہو تم اسے کیوں چھیڑ رہے ہو
زنجیر پرانی سہی دیوانہ نیا ہے

آتا ہے بہت دیر میں لغزش کا سلیقہ
ساقی سے ابھی شیخ کا یارانہ نیا ہے

اے شمع تری سوزشِ دیرینہ کی ہو خیر
کچھ آج مذاقِ غمِ پروانہ نیا ہے

۱۹۸

اک عمر کے بعد اب ہوا اندازۂ وحشت
جب اُس نے کہا میرا یہ دیوانہ نیا ہے

یہ دیکھ کہ رندانِ کہن بیٹھے ہوئے ہیں
غم کیا ہے جو ساقی ترا میخانہ نیا ہے

اب دل کی جگہ پھول چڑھاتے ہیں بُتوں پر
اس دور میں دستورِ صنم خانہ نیا ہے

دامانِ تبسم میں ہوا جذب ہر آنسو
اب عالمِ لطفِ غمِ جانانہ نیا ہے

کرتے ہیں سلام اور بڑے انداز سے جوہرؔ
یاروں کا مرے طرزِ حریفانہ نیا ہے

۱۹۹

○

گلوں کی انجمن میں بھی رہا ہوں اشکبار اکثر
ترے غم نے کیا ہے مجھ کو رسوائے بہار اکثر

تری راہِ تجسس میں یہ اندازِ جنوں توبہ
میں تیرے در سے آگے بڑھ گیا دیوانہ وار اکثر

وفا کی اہمیت کو ورنہ پہلے کون سمجھا تھا
ستم ہی تو وفاؤں کا ہوا آئینہ دار اکثر

تہی دامانیوں سے میری اب کانٹے نہ کیوں الجھیں
کہ میرے زیرِ داماں رہ چکے ہیں لالہ زار اکثر

ہمارا خاک اڑانا بے حقیقت ہی سہی لیکن
ملی ہے منزلِ انجم پسِ گردِ غبار اکثر

۲۰۰

دعائیں دے گیا طوفاں بھی اس آفت نصیبی کو
مری کشتی نے بخشا موجِ دریا کو قرار اکثر

کہاں میں اور تری یادیں کہاں تو اور مرے شکوے
یہ عالم ناگوار اکثر وہ عالم خوشگوار اکثر

نہیں شاخِ نشیمن تک ہی لطفِ برق اے ہمدم
ہوا ہے میرے پیمانے میں بھی رقصِ شرار اکثر

غلط کیا ہے اگر جوہرؔ سے برگشتہ ہے وہ محفل
سرِ مرغِ چمن آئی بلائے شاخسار اکثر

۲۰۱

○

بے نیازی کامیاب دیکھئے کب تک رہے
ہر دعا کا اک جواب دیکھئے کب تک رہے

یہ جمالِ اجتناب دیکھئے کب تک رہے
آرزوؤں پر شباب دیکھئے کب تک رہے

یہ مذاقِ آفتاب دیکھئے کب تک رہے
گرمئ دورِ شراب دیکھئے کب تک رہے

آئے کیا کیا انقلاب اس گلستاں میں مگر
انتظارِ انقلاب دیکھئے کب تک رہے

اب نگاہیں بول اٹھیں ہیں زبانیں بھی دراز
دل میں یاروں کا حساب دیکھئے کب تک رہے

۲۰۲

سیج کے عادی ہوئے جستجو کے ولولے
زندگی رسوائے خواب دیکھئے کب تک رہے

جانے کس نیت سے آج شیخ نے ساغر چھوا
موجِ مے کا پیچ و تاب دیکھئے کب تک رہے

اب بھی صرفِ وہم ہیں ذہنِ الفت کے ورق
منتشر دل کی کتاب دیکھئے کب تک رہے

ٹھوکریں کھاتا رہا پھر بھی جوہرؔ میرے نام
منزلوں کا انتساب دیکھئے کب تک رہے

۲۰۳

○

کیا کم یہ شرافت ہے بہلانے تو آئے ہیں
خالی ہی سہی ہم تک پیمانے تو آئے ہیں

وہ پیار کی خوشبو سے آگاہ نہیں لیکن
وہ پیار کی محفل کو مہکانے تو آئے ہیں

ساتھ اُن کے چلے جائیں غنچے تو نصیب اپنا
وہ ہم کو بہاروں تک پہنچانے تو آئے ہیں

اب دیکھئے کس کس کو سودے کا سلیقہ ہے
بازار میں الفت کے افسانے تو آئے ہیں

شاید کہ جلانے کا معیار گرا ہو گا
جلتے نہیں پروانے جل جانے تو آئے ہیں

۲۰۴

دیکھیں تو تبسم کا پھیلاؤ کہاں تک ہے
قدموں میں بہاروں کے ویرانے تو آئے ہیں

رندوں میں فرشتوں کی شکلوں کا خدا حافظ
بہکے ہوئے کچھ انساں بہکانے تو آئے ہیں

کیا بات ہے گلیوں میں کیوں خاک نہیں اڑتی
اس شہر میں سنتے ہیں دیوانے تو آئے ہیں

لو بڑھ نہیں پاتی تو جو کھر ہے خطا کس کی
شمعوں کو گلہ کیا ہے پروانے تو آئے ہیں

۲۰۵

○

وفاداروں پہ ترکِ مدعا کا وقت آپہنچا
جفاکاروں کے پیمانِ وفا کا وقت آپہنچا

یہاں بے چین تھے ارمان کیا کیا داد پانے کو
وہاں معزولیٔ نازو ادا کا وقت آپہنچا

اشاروں میں بھی جو دل کی کہانی سن نہ سکتے تھے
اُنھیں سے گفتگوئے برملا کا وقت آپہنچا

ہمیں تو پہلے ہی تھا اعترافِ جرمِ ناکردہ
مگر اب ان کے اقبالِ خطا کا وقت آپہنچا

بلائے رہبری تو آچکی ہے کارواں کے سر
یہ پھر کیوں امتحانِ رہ نما کا وقت آپہنچا

۲۰۶

لبِ ساحل بتاتا ہے یہ قبل از مرگ واویلا
کہ اب کشتی نہیں خود ناخدا کا وقت آپہنچا

مسیحائی تمہاری تو ہمیں تسلیم ہے لیکن
دوا سے پیشتر ہی کیوں دعا کا وقت آپہنچا

بنامِ امتحانِ ضبطِ غم شاید کہ اے جوھر
علی الاعلان ظلمِ ناروا کا وقت آپہنچا

۲۰۷

○

صد سکوں پرورِ حیاتِ بے سکوں یاد آئے ہے
پھر مجھے میرا وہی دورِ جنوں یاد آئے ہے

سینہ چاکی بن گئی ہے ماجرائے جوئے شیر
مجھ کو جوشِ خونِ قلبِ بے ستوں یاد آئے ہے

کوئی طرزِ دل نوازی تھا نہ رنگِ برہمی
اس کی خاموشی مجھے پھر جانے کیوں یاد آئے ہے

ہے نصیبِ عشق ہی دیکھے جو یہ اندازِ لطف
تیری تسکیں پر مجھے سوزِ دروں یاد آئے ہے

صبر بن جاتا ہے دل میں شکوۂ جورِ حیات
جب زمانے کو مرا حالِ زبوں یاد آئے ہے

۲۰۸

ساحلِ امید کو چھو کر جو پانی ہو گئی
سینۂ خالی کو پھر وہ موجِ خوں یاد آئے ہے

جیسے میرے سامنے وہ تھا ابھی مصروفِ ناز
جذبِ الفت کی قسم وہ اب بھی یوں یاد آئے ہے

دشمنوں کے لب پہ جب آتا ہے ذکرِ دوستی
مجھ کو جوہرؔ میرا ہمرازِ جنوں یاد آئے ہے

حسن نجمی سکندرپوری

غزل گوئی جوہر کے مزاج سے ہم آہنگ ہے۔ وہ غزل کی فنی روایات کی پوری پابندی کرتے ہیں۔ اسکے باوجود ان کے لب و لہجہ اور فنی رچاؤ میں نیاپن ہے .... جوہر نے اردو شاعری کی ہر صنف پر طبع آزمائی کی ہے۔ حمد، نعت، منقبت، سلام، قصیدہ، قطعہ، رُباعی میں بھی انھیں ایک بلند مقام حاصل ہے، جس کے پیچھے ان کی نادر ترکیبوں، چست بندشوں، الفاظ کے انتخاب اور ان کے برمحل استعمال اور معنی آفرینی کا ہاتھ ہے۔ جہاں تک اندازِ بیان کا تعلق ہے، ان کی زبان سلیس اور بامحاورہ ہے۔ کہیں کہیں وہ فارسی تراکیب سے کام ضرور لیتے ہیں لیکن ان کی بندش ایسی ہوتی ہے کہ ثقالت کی جگہ ان میں روانی آجاتی ہے۔ مختصر یہ کہ جوہر صدیقی کی حساس طبیعت، فکری آگہی اور بالغ نظری نے ان کے فن کے لئے ایک نئی جہت اور نئی سمت مقرر کی۔ ان کو روایتی اسلوب کے بند کمرے سے نکال کر کھلی فضا میں چھوڑ دیا۔ ان کے لئے اضافت و تراکیب کے نئے صنم تراشے، ان کی بندشوں میں چستی پیدا کی، اس کے ساتھ ساتھ جوہر کے بیدار ذہن نے لفظوں کے بدلتے ہوئے معنیٰ و مفہوم، نئی اشاریت، نئی اصطلاحات اور رنگارنگ موضوعات (جو آج کے مسائل کی دین ہیں) کا بھی ہر رُخ سے جائزہ لیا۔ ان کی اس کوشش و کاوش اور ان کے اس عمل سے ان کی شخصیت میں رچاؤ آیا اور ان کی انفرادیت سنورتی اور نکھرتی چلی گئی۔

ایک دلچسپ اور منفرد موضوع کا شعری مجموعہ

اردو شاعری میں تاج محل

مرتبہ : شجاع خاور

بین الاقوامی ایڈیشن جلد منظر عام پر آ رہا ہے